これ一冊で安心！

高齢者施設の
費用　選び方　手続き
のすべて

シニアの暮らし研究所　**岡本弘子** 監修

ナツメ社

はじめに

　近年、高齢者人口の増加にともなって高齢者施設・住宅の整備が進み、その数は約5万5千箇所、居室数では220万戸を超えています。さらに介護保険制度をはじめ、いくつもの法規定に基づく施設や住宅、高齢者向けの住宅商品など、種類やタイプは多様化し価格差を含めて内容は複雑な状況となっております。

　そのような中、単なる高齢者数の増加だけでなく、自立していても生活に不安を感じている独居高齢者や、家族の介護離職を防止するうえで自宅での介護が困難となった要介護者が急増し、高齢者施設・住宅へ住み替える人は増え続けています。

　高齢者施設・住宅探しは、やみくもに情報を集めてあちこち見て回るだけでは、思うようなゴールにはなかなか、たどり着けません。また思い込みや確認不足で住み替え先を決定してしまうと、大きな後悔につながります。そうならないためには個々の住み替えの道筋をしっかり見据えて、情報を整理しながら進めることが大切です。

　高齢期の住み替えは、本人がどのような状態になった時に

住み替えるかという、個々に応じたタイミングを見定めることからはじめます。そうすると、住み替えるときの本人状態によって選べるタイプを絞り込むことができるので、情報を整理しやすくなります。元気なうちなら「自立者向け」の住宅が、介護が必要な状態になってからなら「要介護者向け」の施設が、住み替え検討の対象となり、それぞれの中でさらに個々の事情や要望条件等に合わせて、最適な住み替え先を効率よく見つけ出していくことができます。

　そこで本書では、多様で複雑な高齢者施設・住宅をまず「自立者向け」と「要介護向け」に大別し、どのタイミングで住み替えるかに合わせて必要な情報を読み取りやすく構成しています。また住み替えの進め方についても手順に沿ってポイントや注意点を提示して、実際の住み替えに役立つ内容となっています。

　自分の住み替えを考えている高齢者、親の介護に関わる家族、地域の介護・医療機関の相談員、また高齢者施設で働こうと考えている人に、本書が情報の理解と整理に役立てば幸いです。

シニアの暮らし研究所
岡本　弘子

チャートでわかる！
住み替えロードマップ

現在の状況と、老後どのような生活を送りたいのかを考え、
自分にぴったりの高齢者施設を選びましょう。

在宅介護

さまざまな介護サービスを受け、自宅で生活を続けること。自宅に来てもらい介護サービスを受ける訪問系サービス、自宅から施設に通ってサービスを受ける通所系サービス。短期間施設に滞在してサービスを受ける短期入所系サービス、福祉器具のレンタルなど、さまざまな介護サービスを利用する

自宅

ずっと自宅に
居たい人は……

施設で生活したい人は……

自立している
人は……

- 一般型ケアハウス
- 自立型有料老人ホーム
  （介護付き・住宅型）
- 自立者向けサービス付き
  高齢者向け住宅
- シニア向け分譲マンション

介護が必要な
人は……

- 特別養護老人ホーム
- 介護老人保健施設
- 介護療養型医療施設
- 介護医療院
- 介護型ケアハウス
- 要介護型有料老人ホーム
  （介護付き・住宅型）
- 要介護者向けサービス付き
  高齢者向け住宅
- 認知症高齢者グループホーム
  （認知症のみ）

高齢者施設一覧（対応の安心度付き）

	種類	特徴（注意点）	入居時費用の目安
公共的施設	特別養護老人ホーム（特養）	要介護度3以上でないと入所することができない。待機者が多いので、すぐに入所できないことも多い。	**0**円
	介護老人保健施設（老健）	在宅復帰に向けて3〜6カ月の療養・リハビリ期間を過ごす施設。特養待機者が暫定的に入居することもある。	**0**円
	介護医療院	医療的ケアが必要な人が入所する施設。「住まい」というよりも、高齢者が長期で入院できる医療施設。	**0**円
	ケアハウス	自立者向けの一般型と要介護者向けの介護型があり、国や自治体の助成によって比較的低料金で入居できる。	**0〜500**万円
	シルバーハウジング（公営・公団住宅）	バリアフリーで緊急コール等を備えた高齢者向けの公営住宅。ライフサポートアドバイザー（LSA）が常勤。全国的に数は少数。	**10万〜30**万円
民間施設	介護付き有料老人ホーム	ホームが介護サービスを提供する有料老人ホーム。24時間のケア体制で重度対応が可能。	**0〜3**億円
	住宅型有料老人ホーム	介護については、外部の介護事業所と契約する有料老人ホーム。24時間ケアが可能なところが多い。	**0〜2**億円
	サービス付き高齢者向け住宅	高齢者が単身や夫婦世帯で居住できる賃貸住宅。居室が広めの自立者向けと、コンパクトな要介護者向けがある。	**0〜2**億円
	認知症高齢者グループホーム	認知症の人だけが入居できる小規模な施設。地域密着型サービスのため、居住する市区町村のみ入居可能。	**0〜100**万円
	シニア向け分譲マンション	バリアフリーなど、高齢者の暮らしに配慮したサービス付き分譲マンション。法的な規定はなく、内容は物件により異なる。	**2000万〜1**億円

月額費用の目安 ※食事代込み	入居対象	看護師の配置	24時間介護ケア態勢	医療連携	認知症対応
約5万〜15万円	要介護3〜5	○	◎	○	◎
約6万〜16万円	要介護1〜5	○	◎	◎	○
約6万〜17万円	要介護1〜5	◎	◎	◎	○
約6万〜17万円	自立、要支援、要介護	×〜○	×〜◎	×〜○	×〜○
約4万〜13万円（食事代含まず）	60歳以上、単身・夫婦	×	×	×	×

月額費用の目安 ※食事代込み	入居対象	看護師の配置	24時間介護ケア態勢	医療連携	認知症対応
約15万〜100万円	自立、要支援、要介護	○〜◎	◎	○	◎
約11万〜100万円	自立、要支援、要介護	×〜○	×〜○	○	▲〜○
約10万〜100万円	60歳以上、もしくは要介護認定者	×〜○	×〜○	×〜○	▲〜○
約12万〜40万円	認知症の診断、要支援2〜	×〜○	◎	▲〜○	◎
約12万〜20万円	制限なし	×〜▲	×	×〜▲	×

認知症高齢者の自立度判断基準

ランク	判断基準	症状・行動の例
I	何らかの認知症を有するが、日常生活は家庭内および社会的にほぼ自立している	
II a	日常生活に支障をきたすような症状・行動や意思疎通の困難さが家庭外で見られるが、誰かが注意していれば自立できる	たびたび道に迷う、買い物や事務、金銭管理など、それまでにできたことにミスが目立つ
II b	日常生活に支障をきたすような症状・行動や意思疎通の困難さが家庭内でも見られるが、誰かが注意していれば自立できる	服薬管理ができない、電話の対応や訪問者との対応など、ひとりで留守番ができない
III a	日常生活に支障をきたすような症状・行動や意思疎通の困難さが日中を中心に見られ、介護を必要とする	着替え、食事、排便、排尿が上手にできない、時間がかかる。やたらにものを口に入れる、ものを拾い集める、徘徊、失禁、大声、奇声をあげる、火の不始末、不潔行為、性的異常行為など
III b	日常生活に支障をきたすような症状・行動や意思疎通の困難さが夜間を中心に見られ、介護を必要とする	ランクIII aと同じ
IV	日常生活に支障をきたすような症状・行動や意思疎通の困難さが頻繁に見られ、常に介護を必要とする	ランクIII aと同じ
M	著しい精神症状や周辺症状あるいは重篤な身体疾患が見られ、専門医療を必要とする	せん妄、妄想、興奮、自傷・他害などの精神症状や精神症状に起因する周辺症状が継続する状態

認知症の高齢者が、どれだけ独力で日常生活を送ることができるのかを
7段階にレベル分けした基準値です。

判断に当たっての留意事項・提供されるサービスの例
在宅生活が基本であり、ひとり暮らしも可能である。相談、指導などを実施することにより、症状の改善や進行の阻止を図る
在宅生活が基本であるが、ひとり暮らしは困難な場合もあるので、日中の居宅サービスを利用することにより、在宅生活の支援と症状の改善および進行の阻止を図る
日常生活に支障をきたすような行為や意思疎通の困難さがランクⅡより重度となり、介護が必要となる状態。「ときどき」とは、どれくらいの頻度を指すかについては、症状・行動の種類などにより異なるので一概には決められないが、一時も目を離せない状態ではない。 在宅生活が基本であるが、ひとり暮らしは困難であるので、訪問指導や夜間の利用も含めた居宅サービスを利用し、これらのサービスを組み合わせることによる在宅での対応を図る
常に目を離すことができない状態。症状・行動はランクⅢと同じであるが、頻度の違いにより区分される。家族の介護力などの在宅基盤の強弱により居宅サービスを利用しながら在宅サービスを続けるか、または特別養護老人ホーム・老人保健施設などの施設サービスを利用するかを選択する。施設サービスを選択する場合には、施設の特徴を踏まえた選択を行う
ランクⅠ～Ⅳと判定されていた高齢者が、精神病院や認知症専門病棟を有する老人保健施設などでの治療が必要になったり、重篤な身体疾患が見られ、老人病院などでの治療が必要となった状態。専門医療機関を受診するようすすめる必要がある

【出典】厚生労働省資料より抜粋

**高齢者施設の費用・
選び方・手続きのすべて**

もくじ

はじめに ……………………………………………………………… 2

巻頭**1** チャートでわかる！　住み替えロードマップ ……… 4

巻頭**2** 高齢者施設一覧 ……………………………………… 6

巻頭**3** 認知症高齢者の自立度判断基準 …………………… 8

STEP **1** ケーススタディ こんなときどうする？

ケース**1** …………………………………………………… 16

ケース**2** …………………………………………………… 18

ケース**3** …………………………………………………… 20

ケース**4** …………………………………………………… 22

ケース**5** …………………………………………………… 24

ケース**6** …………………………………………………… 26

ケース**7** …………………………………………………… 28

ケース**8** …………………………………………………… 30

ケース**9** …………………………………………………… 32

ケース**10** ………………………………………………… 34

STEP2 高齢者の住まいの種類を知る

公共の施設と民間の住宅の違いは？ ………………………… **36**

いろいろある、高齢者の住まい ……………………………… **38**

住まいごとの介護サービス・医療支援の違い ……………… **40**

●**要介護者向けの高齢者施設＜公共タイプ＞**

特別養護老人ホーム ………………………………………… **42**

介護老人保健施設 …………………………………………… **44**

介護療養型医療施設 ………………………………………… **46**

介護医療院 …………………………………………………… **48**

介護型ケアハウス …………………………………………… **50**

●**要介護者向けの高齢者住宅＜民間タイプ＞**

介護付き有料老人ホーム（要介護型） …………………… **52**

住宅型有料老人ホーム（要介護型） ……………………… **54**

サービス付き高齢者向け住宅（要介護者向け） ………… **56**

認知症高齢者グループホーム ……………………………… **58**

●**自立した人向けの高齢者施設＜公共タイプ＞**

軽費老人ホーム（Ａ型・Ｂ型・一般型ケアハウス） …… **60**

シルバーハウジング ………………………………………… **62**

●**自立した人向けの高齢者住宅＜民間タイプ＞**

自立型有料老人ホーム（健康型・住宅型・介護付き） …… **64**

サービス付き高齢者向け住宅（自立者向け） …………… **66**

シニア向け分譲マンション ………………………………… **68**

入居する人の資金をチェック……………………………………… **70**

契約形態や支払い方法は？……………………………………… **72**

死ぬまでにかかるお金を計算する……………………………… **74**

特別養護老人ホーム・老人保健施設・介護療養型医療施設・

　介護医療院でかかる費用……………………………………… **78**

有料老人ホームでかかる費用…………………………………… **80**

サービス付き高齢者向け住宅でかかる費用………………… **82**

ケアハウスでかかる費用………………………………………… **84**

シルバーハウジング・シニア向け分譲マンションで

　かかる費用……………………………………………………… **86**

グループホームでかかる費用…………………………………… **87**

必要な費用を計算する…………………………………………… **88**

入居資金が足りない場合は？…………………………………… **92**

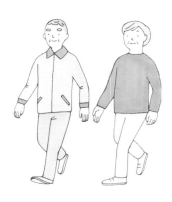

STEP 4 高齢者の生活に欠かせない 介護保険制度を知る

介護保険とは？ ………………………………………… **96**

利用するには？ ………………………………………… **100**

利用するまでの流れ …………………………………… **102**

申請手続きのポイント ………………………………… **104**

要支援・要介護とは？ ………………………………… **106**

介護保険で受けられるサービス ……………………… **108**

介護保険で利用できる施設 …………………………… **112**

介護サービスの費用について ………………………… **114**

公的介護保険外のサービス …………………………… **118**

STEP 5 施設を探す、その前に 確認すべきこと・知っておくべきこと

施設か自宅かを決める分岐点 ………………………… **120**

どこに行けば相談できる？ …………………………… **122**

施設に入りたくないと言われたら？ ………………… **124**

家族、親族との話し合い ……………………………… **126**

STEP **6** 施設探しの手順を知る

施設探しから入居までの流れ………………………………… **128**

目的を明確にして優先順位を決める……………………… **132**

情報を収集する………………………………………………… **134**

情報・資料をチェックする ………………………………… **136**

施設の候補を絞り込む ………………………………………… **140**

見学・体験に行く ……………………………………………… **142**

入居先を決定する ……………………………………………… **150**

入居・引越の手続き …………………………………………… **152**

入居した後にすべきこと …………………………………… **154**

STEP **7** 施設選びのポイントを知る

新規オープンのメリットとデメリット………………… **156**

大企業系か小規模事業者か…………………………………… **158**

病院が併設されているほうが安心？…………………… **160**

参考文献

「これ 1 冊で安心！　介護保険のしくみ・使い方・お金のすべて　第 2 版」（ナツメ社）
「最新　図解でわかる介護保険のしくみ」（服部万里子／日本実業出版社）
「安心で納得できる　老後の住まい・施設の選び方」（田中元／自由国民社）
「すぐに役立つ　入門図解　介護施設・高齢者向け住宅のしくみと疑問解決マニュアル」（若林美香　監修／三修社）
「定番必携はじめてでもわかる！　介護施設＆老人ホームのさがし方・選び方」（斎藤直路／星雲社）
「安心・快適　高齢者施設ガイド 2019」（上岡栄信　監修／日本経済新聞社）
「在宅介護＆高齢者ホームのすべて 2019」（中日新聞社）

STEP 8 契約前に確認すべき 5カ条を知る

施設の運営状態 …………………………………………………… **162**

重要事項説明書のここをチェック ……………………………… **164**

身元引受人はどうする？ ………………………………………… **168**

入居者の状態が変わったときは？ ……………………………… **170**

制度や施設の料金が変わった場合はどうなる？ ……………… **172**

STEP 9 入居後の トラブル対処法を知る

請求金額が事前説明と違うときは？ …………………………… **174**

契約内容と実際のサービス内容が違うときは？ ……………… **176**

親が施設から出たいと言ったら？ ……………………………… **178**

他の入居者とトラブルがあったときは？ ……………………… **180**

ケガや骨折をしたときは？ ……………………………………… **182**

退去を求められたときは？ ……………………………………… **184**

倒産した場合は？ ………………………………………………… **186**

亡くなった後の手続きは？ ……………………………………… **188**

トラブルはどこに相談すればいい？ …………………………… **190**

ケーススタディ こんなときどうする？

ケース1 父が認知症と診断され、母ひとりでは介護できない！

認知症の高齢者の場合、認知症高齢者専用のグループホームへの住み替えなどが考えられます。配偶者が独居生活を続けられない場合は、その住み替え先も検討しましょう。

▶実家で母を手伝いたいけれど……

両親が暮らすA市から離れた場所に住む山田真由美さん（50歳）。ある日、母のさわ子さん（75歳）から突然電話があり、それまで元気だった父の健治さん（78歳）が認知症と診断されたとのこと。

健治さんとさわ子さんは、一戸建ての自宅での2人暮らし。今はまだ、健治さんの認知症も軽度で、夫婦での暮らしにそれほどの問題はないようです。しかし今後、認知症の症状が進んだ場合、妻のさわ子さんひとりでは、認知症の健治さんの介護は難しそう。

しかし、真由美さんも両親とは車で4時間もかかる遠い町で家族と暮らしており、実家に戻って父の介護を手助けするのは現実的ではありません。いったいどうしたら良いでしょう？

▶どうすれば解決できる？

健治さんは78歳でまだ体力がありますから、認知症が進行した場合は、認知症の高齢者向け施設であるグループホームなどへの入居が考えられます（P.58）。さわ子さんが今の自宅でひとり暮らしを続けられるのなら、自宅と同じ市区町村のグループホームを探すことになります。

また、さわ子さんが真由美さんの家で同居するのなら、真由美さんの家から通いやすい場所で、認知症ケアがしっかりした有料老人ホームなどを見つけておくと良いでしょう。

　ひとり暮らしも同居も難しい場合は、夫婦で別施設に入居すると費用がかさみ、真由美さんも通うのが大変になりますから、できるだけ夫婦一緒に入居できる有料老人ホームやサ高住などを探しましょう。

　その際は、健治さんの認知症ケアが可能で、さわ子さんも安心・快適な生活が送れること、居室は夫婦別々にすることが条件になります。

　健治さんやさわ子さんの住み替えに当たり、資金に余裕がない場合、自宅売却のほか、条件が合えばマイホームを担保に資金を借り入れるリバースモーゲージや、家屋を転賃貸するマイホーム借り上げ制度など（P.94）を活用することも検討してみましょう。

ポイント

☑ 両親と子ども（真由美さん）は離れて暮らしている

☑ 夫（健治さん）は、体は元気だが認知症

☑ 妻（さわ子さん）は健康だが、ひとり暮らしは不安

対応策

👉 健治さんは近くのグループホームへ、さわ子さんは自宅でひとり暮らし

👉 さわ子さんは、真由美さん家族と同居し、健治さんは真由美さん宅近くの有料老人ホームなどへ入居

👉 真由美さん宅近くで、両親が同じ有料老人ホーム、サ高住などに別室で入居

👉 自宅を活用して、資金の元手とする

父も母も要介護。
そろそろ施設に入居してほしい

> 高齢の両親がともに要介護となり、自宅での自立した生活が難しくなった場合、介護保険施設や民間の要介護者向け高齢者住宅への住み替えを検討する必要があります。

▶妻の介護疲れを何とかしたい

　鈴木博さん（55歳）は、父の隆さん（83歳）と母の芳江さん（80歳）と暮らしています。子どもたちはすでに社会人となり独立しているため、妻の京子さん（50歳）も含め、家族4人二世帯での同居です。

　2年前、芳江さんが脳梗塞で倒れ、後遺症から体に麻痺が残りました。介助なしでの排せつも難しく、要介護3と認定され、在宅介護を受けています。夫の隆さんは高齢ながら元気で、息子の嫁である京子さんとともに、芳江さんの介護を担ってきました。しかし、最近になって加齢で体力が低下した隆さんも要介護1となり、両親の介護を京子さんがひとりで担うことに。

　妻の介護疲れを目の当たりにした博さんは、両親の介護施設などへの住み替えを検討したいと思っています。

▶どうすれば解決できる？

　住み慣れた自宅で暮らし続けたい、年老いた親を最後まで自宅で面倒みたいというのは、誰もが考える自然なことです。しかし、介護が必要になった高齢の両親を介護をしながら自宅で面倒を見るというのは、決して簡単なことではありません。また、ひとりの介護者に介護負担が集中してしまうのは、介護疲れはもとより、介護事故や虐待の要因にもなりかねません。

　このケースでは、まず母の芳江さんは要介護度が3ですので、介護保険制度における特別養護老人ホーム（P.42）の入居を検討できます。一方で父の隆さんは要介護度が低いので、特養へは入所できません。そこで、有料老人ホーム（P.52、P.54）やサービス付き高齢者向け住宅（P.56）な

どへの住み替えを考えることになります。

　ただ、長年共に暮らしてきたご夫婦は、できるだけ一緒に生活を続けたいもの。両親それぞれのケアが可能で、同室もしくは別室で入居できる有料老人ホームやサ高住が見つかれば、両親、家族にとっても最良の選択になるでしょう。

ポイント

- ☑ 両親と息子夫婦、4人2世帯での同居
- ☑ 母（芳江さん）は要介護度が高く、一日中介護が必要な状態
- ☑ 父（隆さん）は手すりにつかまって歩くなど、軽度の不自由
- ☑ 介護をしている息子の嫁（京子さん）が、介護疲れ状態に陥っている

対応策

☞ 芳江さんは特養へ、隆さんは、有料老人ホームやサ高住へ入居

☞ 両親とも、同じ有料老人ホーム・サ高住へ入居

両親共に元気だが90代。いざという時に備えておきたい

どんなに元気で自立していても、80代・90代の高齢者は、ちょっとしたケガや病気をきっかけに急に介護が必要になることがあります。このため、早めの住み替え準備が必要です。

▶何かある前に施設に住み替えてもらいたい

斎藤将司さん（65歳）の両親は、ともに90代の後期高齢者。父の治三郎さん（95歳）も母のスミさん（90歳）も、いまだに実家で自立して、夫婦で元気に生活をしています。

とはいえ、さすがに90代ともなると、健康だとはいえ日常生活ではいろいろと不安があるようで、息子の将司さんが資金を援助し、室内をバリアフリーにするなどしてきました。

その上で、今後、遠くない将来には、父や母に本格的な介護が必要になるだろうと考えた将司さんは、両親の施設への住み替えを考えています。父から受け継いだ会社を経営している将司さんは、住み替えに関して資金的な心配はないのですが、両親をどう説得するのかについて悩んでいます。

▶どうすれば解決できる？

将司さんは、住み替えに関する資金面での心配はないとのことなので、まずは両親のライフスタイルや求める生活の質などをよく聞き取り、その上で住み替えの必要性をていねいに説明することから始めましょう。

資金面の心配がないということであり、両親とも高齢ながら健康で自立しているということなので、自立型の有料老人ホーム（P.64）やサービス付き高齢者向け住宅（P.66）への住み替えを検討してみてはいかがでしょう。これらの高齢者施設ではマンションタイプの広い居室があり、夫婦そろって同じ居室で、今までと変わりない生活が継続できることも大きな魅力です。

ただし両親とも高齢なので、病気や介護に備えて確かな医療連携や看

護体制、24時間の介護体制を整えていることが条件となるでしょう。

ポイント

☑ 夫婦（治三郎さん、スミさん）とも元気だが、かなり高齢

☑ 富裕層

☑ 息子（将司さん）は将来を考え、住み替えを説得しようとしている

対応策

☝ 住み替えについて、ていねいに説明すること

☝ 広い居室のある自立型有料老人ホームやサ高住への住み替えを提案

☝ 同世代との交流やサービスによる安心で、自宅より快適に過ごせることを伝える

実家の母が骨折で入院！退院後、ひとり暮らしは難しそう……

高齢者は、転倒・骨折して入院し、それがきっかけで介護度が高く（重く）なり、自宅での生活が難しくなることが少なくありません。その場合、住み替えを検討する必要があります。

▶退院後の生活はどうする？

　高橋純子さん（49歳）は、夫とその両親との４人暮らし。ある日、自分の実家近くに住む妹から連絡があり、ひとり暮らしをしていた実母の幸子さん（76歳）がケガをして入院したとのこと！　病院で話を聞くと、大腿骨頸部骨折で入院し、手術は無事済んだということでした。

　主治医によれば、今後は病院でリハビリなどを行い、１カ月ほどで退院の予定といいます。しかし要介護３の状態で退院後は、おそらく今までのようなひとり暮らしを続けるのは難しいのではないかともいっています。

　実家近くに住む妹も純子さんと同じように夫の家族と同居しているため、幸子さんを引き取るわけにはいきません。幸子さんの今後の住まいを探さなければならないのですが、心当たりがまったくなく、金銭的にも余裕がないので困っています……。

▶どうすれば解決できる？

　昔と違い、高齢者といえども病院には長く入院していることができず、大腿骨頸部骨折の場合、手術後退院するまでの在院日数は１カ月ほど、というのが一般的です。しかし、大腿骨頸部骨折は、手術での治療が済んでも、その後の自立度が大きく低下し、介護が必要になるケースが多く見られます。

　このため純子さんのケースでは、できるだけ早く、母の幸子さんの退院後の住まいを探さなければなりません。この場合、退院後は介護老人保健施設（老健）へ入居すれば、３カ月〜６カ月のリハビリ期間がありますから、その間に住み替え先を探すとよいでしょう（P.44）。資金的な

余裕がないということなので、住み替え先としては要介護3から入居できる特別養護老人ホーム（P.42）を探すことになりますが、すぐの入所は難しいでしょう。まず複数の特養に入居申し込みをしておき、入所できるまでの期間だけ入居する、できるだけ安価な住宅型有料老人ホームやサ高住を探します。

ポイント

☑ 娘（純子さん）は実家から離れて暮らしている（夫家族と同居）

☑ 妹も夫の家族と同居

☑ 母親（幸子さん）が転倒し、骨折。手術をして入院中

☑ ひとり暮らしをしていた母（幸子さん）の、退院後の行き場所がない

対応策

☞ 老健でリハビリを続けながら、特養に入所申し込みをして、入所できるまで安価な住宅型有料老人ホームやサ高住に入居する

父が、元気なうちに住み替えたいと言い出した！

まだ元気なのに高齢者住宅に住み替えたいというのは、時期尚早のように思えるかもしれません。しかし、住み替え先を慌てて探す必要がなく、じっくりと選ぶことができます。

▶元気なうちの住み替えをどうサポートする？

　ある日突然、田中秀樹さん（50歳）に父の邦彦さん（75歳）が、高齢者住宅への住み替えを考えていることを切り出しました。50代のときに妻を亡くした邦彦さんは、以来ずっとひとり暮らしを続け、今も元気に暮らしています。それだけに、息子の秀樹さんとしては、わざわざ戸建ての実家を引き払って高齢者住宅に住み替えるのは、まだ時期が早いのでは？　と思っています。一方で邦彦さんは、できるだけ早く住み替えをしたいらしく、連日、高齢者住宅への見学に出かけたり、パンフレットを集めています。

　本当に住み替えとなれば、邦彦さんの資金だけでは難しそうなので、秀樹さんが資金援助をしなければなりませんし、実家の戸建てをどうするのかなど解決すべき問題も山積みです。

▶どうすれば解決できる？

　基本的な考え方として、必要に迫られて急いで住み替えをするよりも、本人がまだ元気なうちに住み替え先を探すほうが、よりメリットは多くなります。元気なうちであれば、本人が納得いくまで住み替え先を探し、選ぶことができますし、引越の準備や住み替えのための手続きなども、落ち着いて行うことができるからです（P.152）。

　秀樹さんは、資金面に不安があるようですが、それについても、まだ邦彦さんが元気なのですから、ていねいに話し合い、どれくらいの資金援助ができるのかを正直に伝えて納得してもらい、資金に合わせた高齢者住宅選びをしましょう（P.70）。

　また、医療連携や介護体制が整った終身暮らせるタイプを選ぶか、ま

ず元気なうちの生活が安心・快適なタイプを選んで将来、介護度の進行に合わせてもう一度住み替える計画とするのかなど、高齢者住宅の種類も良く検討しましょう。

ポイント

☑ ひとり暮らしで元気な父（邦彦さん）

☑ 父は元気なうちに住み替えたいと考えている

☑ 息子（秀樹さん）は資金問題などで、あまり住み替えに乗り気ではない

☑ 元気なうちの住み替えは、落ち着いて物件探しができるだけでなく、健康寿命の延伸にもつながる

対応策

👉 元気なうちの生活の充実を目的にするか、将来の介護の安心まで確保するかを検討する

👉 資金問題などは、親子でしっかり納得のいくまで話し合う

親を施設に入れたいが、十分な資金がなく特養も空きがない…

特別養護老人ホームの空室がない場合、その他の介護保険施設を利用するなどして、入所の順番を待つのが一般的。介護保険施設では、所得に応じた負担軽減制度も用意されています。

▶特養に入れたいけれど、すぐに入れない

　田中由美さん（52歳）は、ここ数年、要介護4の父・幸三さん（84歳）を自宅で介護してきました。しかし、自分も持病が思わしくなく、介護疲れがひどくなり、そろそろ自宅での介護は限界かなと感じています。

　そこで、父に特別養護老人ホームへ入所してもらうことを考えたのですが、空室のある施設が近隣にはなく、当分の間、入所ができないといわれてしまいました。一時的だとしても、要介護型の介護付き有料老人ホームやサービス付き高齢者向け住宅などに入所するには、資金が足りません。

　このままでは、父の介護も思うようにできず、由美さん自身も介護疲れにより、親子2人の生活が破綻してしまいそうで心配です……。

▶どうすれば解決できる？

　介護保険制度に基づき、比較的費用負担が少なく入居ができる特別養護老人ホームは、入居希望者が集中してしまい、希望しても入居できない「待機者」が続出して社会問題となりました。しかし、その後の国や自治体の施策によって、ピーク時に比べると待機者の数が減り、地域によっては、それほど待たずに入居できるところも見受けられる状況です。特養への入居を考える場合は、在宅ならケアマネジャー、入院中なら医療ソーシャルワーカー（MSW）などに相談し、地域を広げて探すよう心がけましょう。すぐに見つからない場合は、介護老人保健施設（老健）への入所や小規模多機能型居宅介護など、レスパイトのための在宅介護サービスなどで時間をつなぎながら、特養に空室が出るのを待つのが一般的です。資金面でも、介護保険施設であれば、居住費や食費を減額す

る補足給付（P.114）のような負担軽減の制度があります。これらについても、ケアマネジャーやMSWに相談しましょう。

ポイント

☑ 自宅で娘（由美さん）がひとりで父親（幸三さん）を介護している

☑ 資金に余裕はなく、民間の施設には入居できない

☑ 娘（由美さん）は介護疲れ状態

☑ 特養には空きがない

対応策

👉 ケアマネや MSW に相談し、できるだけ早期に入所できそうな特養を探す

👉 老健や小規模多機能などで過ごしながら、特養の空きを待つ

👉 費用面の支援策について情報を集める

ケース7 遠距離に暮らす独居の母。頭も体も弱ってきて心配

> 離れているからこそ、心配な親の独居生活。住み替える際の本人状況に合わせて、最善策を考えましょう。

▶ 住み慣れた地元か、近くに呼び寄せるか……

　都内でひとり暮らしをしている鈴木陽子さん（54歳）の心配事は、独居の母・幸恵さん（82歳）のこと。九州の実家にいる幸恵さんですが、80歳を過ぎているということもあり、最近は足腰も弱りがちで、物忘れも見られるようになってきました。そんな状態でのひとり暮らしに対しては陽子さんも心配なのですが、たびたび実家に帰るわけにもいかず、周囲の親戚にも面倒はかけられません。

　そこで陽子さんは、幸恵さんの施設への入居を考えているのですが、近隣に親戚や友だちのいる慣れ親しんだ実家の近くが良いか、何かあったらすぐに駆けつけられる陽子さんの住まいの近くに呼び寄せるのが良いのか、迷っているところです。

▶ どうすれば解決できる？

　幸恵さんは足腰が弱く物忘れも見られますが、介護サービスを利用しながら、何とか独居生活を続けています。今の状況で入居を考えるのであれば、陽子さんが都内から九州へ通う負担は減らせませんが、幸恵さんにとって環境変化の少ない、実家近くの介護型の有料老人ホーム（P.52、P.54）やサービス付き高齢者向け住宅（P.56）への入居が良いのではないでしょうか。

　その際には、通院対応なども含めて日常の生活全般を任せられる、重度対応まで可能な施設を選んでおくと、この先、もっと体が弱ったり認知症が進んでしまった場合などにも安心です。また、費用的にも実家近くのほうが、手厚いサービスの施設に比較的リーズナブルな費用で入居できるメリットがあります。

　一方で、幸恵さんの介護が進行して屋内生活が中心となってからなら、地域的な環境変化の影響を受けにくいと考えられます。その場合は、陽子さんの近くに呼び寄せたほうが、自由に動けない幸恵さんにとっても、忙しい陽子さんにとっても、メリットが大きいでしょう。

　都内の陽子さん宅の近くなら駆けつけやすいので、家族の関わりが必要な安価なホームや介護保険施設も選べて、費用を抑えることが可能となります。

問題点

- ☑ 母（幸恵さん）と子ども（陽子さん）は離れて暮らしている
- ☑ 母は足腰が弱り、物忘れもあってひとり暮らしが心配
- ☑ 高齢者には、住み慣れた環境が変わることの影響も大きい
- ☑ 入居する際の本人状況によって、最善策が異なる

対応策

- 👉 幸恵さんは、実家近くの要介護型の有料老人ホームやサ高住へ
- 👉 将来を考え、通院や重度対応まで可能な施設を選んでおく
- 👉 介護が進行してからの入居であれば、陽子さんの近くに呼び寄せる

施設への入居を拒否する、認知症の母の住み替えは？

認知症の自覚がない高齢者が、施設への入居を拒否する場合は多々あります。まずは経験豊富な施設を探し、協力しながら説得の工夫をして、入居につなげましょう。

▶認知症の自覚のない母を、どう説得する？

田中秀幸さん（52歳）、友子さん（48歳）夫婦は、秀幸さんの母・真知子さん（79歳）と同居しています。これまで元気で、家事を担いながら共働きの息子夫婦を支えてきた真知子さん。体は今も元気なのですが、最近急に物忘れがひどくなり、医師の診察を受けると初期の認知症と診断されました。

息子夫婦は2人とも、フルタイムで働く会社員のため、自宅で認知症の真知子さんをケアしながら暮らすことは厳しい状況です。そこで、認知症が進んで大きな問題が生じる前に、真知子さんを施設へ入居させたいと考えました。ところが、真知子さん本人には、自分が認知症だという自覚がなく、体も元気だからと入居を拒否しています……。

▶どうすれば解決できる？

まずは入居拒否への対応がスムーズな、経験豊かなグループホーム（P.58）、認知症ケアが信頼できる介護型の有料老人ホーム（P.52、P.54）やサービス付き高齢者向け住宅（P.56）を探してみましょう。

認知症の高齢者が、自分が認知症であるという自覚（病識）がないのは当然です。そこで、「安心できる」「今より負担が減る」「楽しく暮らせる」など、認知症対策以外の理由で、入居を説得してみましょう。また、多くの場合、高齢者は施設に暗いイメージを抱いているので、本人の理解能力に期待ができる場合は、一緒に現地を何度も訪ね、実際の生活状況を見たり感じたりして、馴染んでもらうと良いでしょう。

入居に対する理解力が期待できない場合、「家族が入院する」「仕事で長期不在」といった理由（口実）で納得してもらい、まず限られた期間

だけ短期入所するという形で進めることも、ひとつの方法です。

　認知症で入居拒否があっても、心地よく安心な環境に一定期間暮らし、スタッフとも良好な関係ができてくると、そこが自分の住処という認識が生まれ、入居を継続できるようになるのです。

問題点

- ☑ 母（真知子さん）には、認知症の自覚がない
- ☑ 息子夫婦（秀幸さん、友子さん）は共働き
- ☑ 母が施設への入居を拒否している

対応策

- ☞ 経験豊かなグループホームや介護型有料老人ホーム、サ高住などを探す
- ☞ 認知症対策以外の理由で説得をする
- ☞ とりあえず短期という形で本人に了承してもらい、入居を進める

医療ケアが必要になり、元の住まいに戻ることができない

> 介護度が重くなったり医療的ケアが必要になると、施設や住まいによっては転居しなければならないことがあります。介護や病気の進行を想定して、施設を選びましょう。

▶突然の脳梗塞で介護度が悪化して……

　主婦の佐藤美奈子さん（50歳）は5年前に母を亡くし、父の春彦さん（83歳）は要介護者向けのサ高住にひとりで入居していました。

　ところがある日、春彦さんが突然の脳梗塞で入院することに。幸い一命は取り止めましたが、要介護度4となり半身麻痺のため車いすを使用。今は機能訓練のためリハビリ病院に入院しています。後遺症で口から食事をとることができず胃ろうとなり、夜間の痰の吸引も欠かせなくなりました。

　それまで住んでいたサ高住には看護師がおらず、医療行為に対応できないため、退院後は戻ることができません。資金の関係で24時間看護師がいる高額な有料老人ホームには入れず、特別養護老人ホームも夜間の医療行為ができないので入居できません。どうしたら良いでしょう？

▶どうすれば解決できる？

　まずは、できるだけリーズナブルな金額で入居ができる、24時間看護師が常駐している有料老人ホームを探しましょう。また、比較的安価で入居が可能な、訪問看護事業所を併設した要介護型の住宅型有料老人ホーム（P.54）やサービス付き高齢者向け住宅（P.56）について情報を集めます。入院中の病院に、メディカルソーシャルワーカー（MSW）や地域医療連携室などの窓口があれば、相談してみるのもひとつの方法です。有料老人ホームやサ高住のほかに、介護医療院（P.48）や介護療養型医療施設（P.46）など、医療的ケアが可能な公的な施設にも春彦さんが入所可能な施設があります。

　今回のケースのように、重度になってからの住み替えはとても大変で

す。元気なときや介護度が軽い状態で高齢者向け住宅に入居する際には、この先の介護の進行を見据え、入居をする住まいや施設が「どんな状態まで暮らせるか」を確認しておくことが重要です。

問題点

☑ それまで住んでいたサ高住は、医療行為に対応できないので戻れない

☑ 資金的に高額な施設への住み替えは難しい

☑ 特別養護老人ホームは夜間の医療行為ができない

対応策

☞ リーズナブルな 24 時間看護師常駐の有料老人ホームを探す

☞ 訪問看護事業所併設の要介護型の住宅型有料老人ホームやサ高住を探す

☞ 介護医療院や介護療養型医療施設などを当たってみる

ケース10 認知症が進行して、施設からの転居を求められてしまった

施設や住まいによっては、認知症が進行すると転居を求められることも。症状が進んでからの転居は大変なので、「どんな症状まで対応できるか」を確認しておきましょう。

▶施設からは「これ以上対応できない」といわれ……

　宮本浩二さん（41歳）は、早くに母を亡くし、父・正雄さん（72歳）と実家で暮らしてきました。しかし、正雄さんが70歳を過ぎたころにアルツハイマー型認知症となり、浩二さんひとりでは介護ができないことから、要介護1のときに認知症でも入居できるという安価な住宅型有料老人ホームに入居しました。

　当初は老人ホームで穏やかに暮らしていた正雄さんでしたが、半年ほど前から急に症状が進み、深夜の徘徊や部屋を間違えるなどの混乱がみられるように。要介護度も3に上がりました。このためホームからは、「これ以上、認知症が進むと対応できないため、速やかに他の施設に移ってほしい」と要請されています。しかし、父がこんな状態になってから転居先をどう探したら良いのかわからず、資金にも余裕がないため頭を抱えています……。

▶どうすれば解決できる？

　正雄さんについては、特別養護老人ホーム（P.42）が住み替え先の選択肢となります。しかし特養には待機者が多いので、まず入所申し込みをしておき、その間、次善の策を検討しましょう。

　たとえば資金的に民間施設への入居が厳しい場合は、浩二さんが賃貸マンションなどへ転居し、実家を売却することで資金を作るなどして、グループホーム（P.58）か重度の認知症に対応できる有料老人ホーム（P.54）などに転居するという方法が考えられます。重度の認知症で施設を選ぶ場合は、玄関などのセキュリティが万全か、24時間の見守り・介護体制があるか、入居するフロアにスタッフが常駐しているか、認知症ケアの

知識・経験が豊富か、認知症ケアに積極的に取り組んでいるか、などの点をクリアできることが条件となります。

　認知症が進行してから、受け入れ可能な施設や住まいを探すのは大変ですので、症状の進行を想定して、重度まで対応できるところを選んでおくと安心です。

問題点

☑ 父（正雄さん）の認知症の症状は進んでいる

☑ 施設からは、速やかな退去を要請されている

☑ 息子（浩二さん）は実家を所有している

☑ 重度の認知症の受け入れ先を探すのは難しい

対応策

👉 特養が住み替え先の選択肢となる

👉 実家を売却して資金を用意して、民間施設を検討する

👉 住み替え先の認知症対応をよく確認する

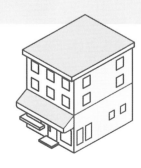

STEP 2 高齢者の住まいの種類を知る

公共の施設と民間の住宅の違いは?

> 有料老人ホームや特別養護老人ホームなど、高齢者の住まいには数多くの種類が
> あります。まずは「公共タイプ」と「民間タイプ」の違いを理解することが大切です。

●介護保険施設を中心とした「公共タイプ」

　自宅以外で高齢者が暮らす住まいには、大きく分けて自治体や社会福祉法人が運営する公共タイプの施設と、主に民間企業が運営する民間タイプの住宅の2つに分けることができます。

　公共タイプの高齢者施設の中心となるのが、「介護保険施設」と呼ばれるものです。これらは、国の定める介護保険制度に基づいた居住型の介護施設のことで、特別養護老人ホーム、介護老人保健施設、介護医療院（介護療養型医療施設から転換）の3つを指します。

　介護療養型医療施設については、必ずしも治療の必要がないのに長期にわたって施設で生活している状態である「社会的入院」が大きな問題となり、2018年3月末での廃止が決定しています。このため、2018年度から介護医療院という新しい施設が創設され、2023年度末までに移行する見込みとなっています。

　介護保険施設以外の公共タイプの施設には、ケアハウスを含む軽費老人ホーム、養護老人ホーム、シルバーハウジングなどがあります。これらの施設は、自治体や社会福祉法人が設置主体であり運営もしているので、民間タイプの住宅に比べると、料金負担が少なく、運営が安定していることが、利用者にとってのメリットです。ただし、入居希望者に対して施設数が少ないために、常に待機者が溢れていて、すぐには入居で

きない状況となっています。

●**有料老人ホームに代表にされる「民間タイプ」**

「民間タイプ」の高齢者住宅には、介護付き有料老人ホームをはじめ、住宅型有料老人ホーム、サービス付き高齢者向け住宅、グループホーム、シニア向け分譲マンションなどがあります。これらの多くはいずれも主に民間事業者による運営ですが、そのほとんどで提供される介護サービスや施設の基準などは、介護保険法をはじめとした国の定める高齢者住宅に関する法律や基準などに基づいています。

民間タイプ高齢者住宅のメリットは、民間ならではの利用者のニーズに沿った住宅運営や多様なサービスが充実していること。一方で、あくまでも民間事業者による運営ですので、事業者の経営が悪化した場合など、事業譲渡をはじめ、最悪の場合は住宅の廃業（シニア向け分譲マンションを除く）やサービス提供の停止もあり得ることを理解しておきましょう。

高齢者住宅と施設の種類

＜公共タイプ＞
●**介護保険3施設**
　・特別養護老人ホーム
　　（介護老人福祉施設）
　・介護老人保健施設
　・介護療養型医療施設→介護医療院
●**軽費老人ホーム（ケアハウス）**
●**養護老人ホーム**
●**シルバーハウジング**

＜民間タイプ＞
●**介護付き有料老人ホーム**
●**住宅型有料老人ホーム**
●**サービス付き高齢者向け住宅**
●**グループホーム**
●**シニア向け分譲マンション**

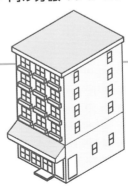

いろいろある、高齢者の住まい

> 高齢者の住まいには、「公共タイプ」や「民間タイプ」という区別のほかに、「要介護者向け」と「自立した人向け」という、入居対象による分類もあります。

●「要介護者向け」と「自立した人向け」の住まい

　高齢者の住まいは、36ページで解説したように「公共タイプ」と「民間タイプ」に分類できますが、もうひとつ、的確な住まい選びのために知っておきたい分類として、「要介護者向け」と「自立した人向け」の、2つのタイプがあります。

　要介護者向けの住まいは、日常生活の中で専門的な介護が必要な人向けの施設です。具体的には、介護保険制度における要介護認定を受けている人を対象にした施設と考えると良いでしょう。要介護者向けの公共タイプ施設の代表が、特別養護老人ホーム、介護老人保健施設、介護医療院（介護療養型医療施設）の、いわゆる「介護保険施設」です。これらに加え、一部のケアハウスも、要介護者向けの公共タイプ施設に含まれます。

　一方で、要介護者向けの民間タイプ住宅には、要介護型の有料老人ホーム・サービス付き高齢者向け住宅、認知症グループホームがあります。

●介護を必要としない人向けの施設

　自立した人向けの住宅は、「自立」という言葉が示すように、介助や介護を必要としない元気な高齢者向けの住宅です。具体的には、健常な人から自分の身の回りのことができる軽度な要介護の人までを入居対象としているところが多く、高齢者の住まいとしてより快適で安全となるように、一般的な住宅に比べるとバリアフリーに十分な配慮がなされていたり、安否確認や食事のサービス、生活相談など、高齢者の日常生活に関する支援やサービスが用意されているのが特徴です。さらに、軽度な要介護状態まで暮らせるタイプから、将来の重度な介護や看取りまで対

応できるところまで、サービスや設備もさまざまです。

●**4つのタイプのメリット・デメリットを知る**

　高齢者の住まいを賢く選ぶには、このように「公共タイプ」と「民間タイプ」、「要介護者向け」と「自立した人向け」と、4つの要素を念頭において、それぞれの住まいのメリットやデメリット、自分の希望するライフスタイルなども十分に検討し、自分にとってより快適で安心・安全な住まい選びをすると良いでしょう。

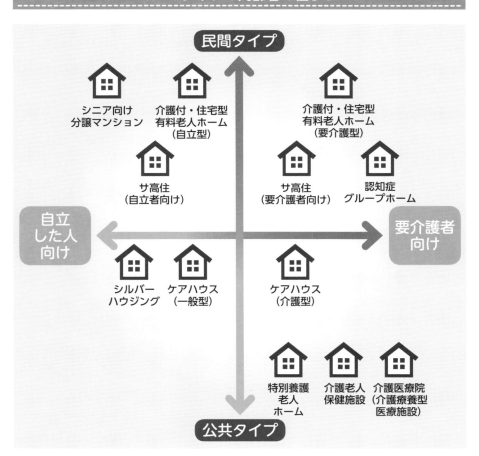

4つのタイプの高齢者の住まい

住まいごとの介護サービス・医療支援の違い

> 高齢者の住まいでは、さまざまな介護サービスや医療支援が受けられます。ただし、その規定は住まいの種類ごとに異なり、また実態はさらにさまざまな状況となっています。

●介護サービスや医療支援の実態を把握しておく

　高齢者の住まいについては、公共タイプの施設でも民間タイプの住宅でも、介護や医療についてのサービスが提供されているというイメージがあるでしょう。しかし、施設・住まいのいずれの場合でも、提供される介護サービスや医療支援については、それぞれ規定によって内容も仕組みも異なります。特に民間タイプの住宅については、その仕組みは複雑でわかりにくいので、提供される介護サービスや医療的な支援について、提供の実態をつかんでおくことが肝心です。

●施設や住宅ごとに実態が異なる介護サービスや医療支援

　有料老人ホームで提供される介護サービスは、介護付き有料老人ホームと住宅型有料老人ホームで異なります（健康型有料老人ホームでは、介護サービスの提供はありません）。サービス付き高齢者向け住宅も、実際には要介護者向けと自立者向けで、介護サービスの提供体制が異なるケースがあります。たとえば、介護付き有料老人ホームは、介護保険制度における特定施設に指定されていることから、介護サービスはホームの職員が行い、包括的・連続的な介護が提供されます。これに対して住宅型老人ホームやサービス付き高齢者向け住宅は、介護保険の特定施設ではないことから、介護サービスは、基本的には外部事業所利用となります。でも実態は、要介護者向けでは、併設する介護事業所の介護保険サービス＋ホームの実費サービスを利用して連続的な介護を受ける形が主流となっています。

　その他にも、看護師や介護スタッフの人員体制、夜間対応等の規定は、大きな違いがあります。医療機関との連携に関しても、規定があるのは、

民間タイプでは有料老人ホームのみとなっています。それらについても実態を十分に理解をした上で、施設や住まい選びを進めることが大切です。

介護サービスと医療支援の実態（民間タイプ）

●介護付き有料老人ホーム
介護サービスの提供／ホームの介護保険サービス
介護保険／特定施設入居者生活介護（包括的で連続的な介護）
人員体制／管理者や生活相談員のほか、ケアマネジャー、看護師、介護スタッフなどを規定数配置
夜間対応／介護職員
医療支援／協力医療機関を必ず設定

●住宅型有料老人ホーム
介護サービスの提供／外部・併設介護事業所＋ホームのサービス（随時対応も行う）
介護保険／訪問看護等
人員体制／管理者・生活相談員。提供するサービスに応じた職員
夜間対応／併設事業所の介護職員またはホームのスタッフ
医療支援／協力医療機関を必ず設定

●要介護者向けサービス付き高齢者向け住宅
介護サービスの提供／外部・併設介護事業所＋ホームのサービス（随時対応も行う）
介護保険／訪問看護等
人員体制／管理者は配置もしくは不在。生活相談・安否確認を行う職員が日中常勤
夜間対応／併設事業所の介護職員または住宅のスタッフ
医療支援／医療機関と連携

●自立者向けサービス付き高齢者向け住宅
介護サービスの提供／外部介護事業所（介護プランの時間内のみ）
介護保険／訪問看護等
人員体制／管理者は配置もしくは不在。生活相談・安否確認を行う職員が日中常勤
夜間対応／住宅のスタッフもしくは警備会社に委託
医療支援／住宅により異なる（連携のない住宅もある）

●シニア向け分譲マンション（高齢者向け住宅としての規定はなし）
介護サービスの提供／外部介護事業所（介護プランの時間内のみ）
介護保険／訪問看護等
人員体制／管理人。コンシェルジュなど
夜間対応／管理人・警備員
医療支援／物件により異なる（連携のない住宅もある）

住まいごとの介護サービス・医療支援の違い

特別養護老人ホーム

介護保険制度に基づいた施設で、要介護度３以上の人が、そこで暮らしながら日常生活を支える介護サービスを受けることができます。

●要介護者向け・公共タイプの代表的施設

　要介護者向け・公共タイプの高齢者施設の代表といえるのが、特別養護老人ホームで、"特養"とも略されます。介護保険制度上は「介護老人福祉施設」というのが正式な名称で、介護老人保健施設や介護医療院と並んで、介護保険制度における居住型施設である介護保険３施設のひとつに挙げられます。

●高齢者の「住まい」としての機能が充実

　特養は、他の介護保険施設に比べて、「住まい」としての性格が強いことが特徴です。居室については、ひとり当たりの床面積は10.65㎡以上、居室の定員は４人以下などという基準が定められており、定員が２名以上の「多床室」をはじめ、10人（室）ほどの生活単位ごとに共用スペースが併設される「ユニット型個室」、可動しない間仕切りなどで居室が仕切られ、完全な個室になっていない「ユニット型準個室」、ユニットが構成されていない「従来型個室」があります。

　こうした住まいとしての機能に加え、都道府県が定める「特別養護老人ホームの設備及び運営に関する基準」に従って、食事や入浴、排せつといった日常生活の介護や機能訓練、健康管理、療養上必要な介助などが提供されます。一方で、医療的なケアやサービスには、あまり重点が置かれていない場合が多く、日々の健康チェックや服薬管理などは行われますが、それ以上の専門的な医療に関するケアが必要な場合は、原則的には通院や入院が必要となります。ただし最近では、特養で臨終を迎える人も少なくありません。このため末期の悪性腫瘍の場合は、特養の入所を継続したまま、訪問看護を受けることで、医療に関するサービス

が受けられるところも増えてきました。

●医学的な管理が必要な人は、入所できないことも

特別養護老人ホームは、老人福祉法と介護保険法に基づいた施設であり、入所できるのは「65歳以上で要介護3以上の高齢者」「40歳〜64歳で特定疾病が認められた要介護3以上の人」「特例により入居が認められた要介護1〜2の人」に限られています。また、この3つのいずれかの条件に合致しても、医学的な管理が必要な人の場合は、入居ができないこともあります。

●29万人以上が待機者になっている

特養への入所を希望する際は、直接施設に申し込みをします。ただし自治体によっては、市区町村に申請する場合もありますので、事前に確認が必要です。また、特養への入所希望者はたいへん多く、申し込んでもすぐに入所できない待機者は、以前よりも減少したものの2019年の時点で29万2,000人に及び、申し込んでもすぐには入れない状況になっています。また、申込順に入居できるのではなく、より重度や身寄りがないなど、生活困窮度が高い人が優先になります。

特別養護老人ホームの特徴

根拠法	老人福祉法・介護保険法
運営主体	社会福祉法人・地方公共団体
入居対象	要介護3以上
年齢	原則65歳以上
介護サービス	施設提供
医療処置	日中帯は可
看取り	可
入居金	なし
月額料金の目安	所得によって5〜15万円

※要介護度が自立・要支援1〜2に改善した場合、または医学的管理や長期入院が必要になった場合は退所

介護老人保健施設

介護保険3施設のひとつである介護老人保健施設は、利用者が在宅生活に戻るために一時的に入所して、リハビリなどを受けるのが主な目的の施設です。

●在宅復帰のための施設である「老健」

　要介護者向けの公共タイプ施設として、特別養護老人ホームや介護医療院と並び、「介護保険3施設」と呼ばれるものに介護老人保健施設（通称・老健）があります。老健は、病院でのケガや病気の治療は済んだものの、すぐに自宅で生活するのは困難な人を対象に、短期的に施設に入居して自宅で暮らせるようリハビリテーションなどを行う、あるいは要介護者の自宅での生活を維持するために、通所リハビリやショートステイを提供するといった役割を担っています。

　このように老健は、制度上は退院後の在宅復帰に向けた施設として位置づけられており、原則として入所できる期間は3ヵ月（最長で6ヵ月）とされています。しかし実際には、特養の待機者対策として長期入所しているケースや、複数の老健を3ヵ月ごとに転居しながら利用を続ける入所者が少なくないという問題がありました。これを改善するために、最近では在宅復帰を促すための介護報酬上の誘導が強く推進されています。

●医療専門職によりリハビリを提供する

　介護老人保健施設は医療的な管理や看護のもとで、介護サービスを提供することに重点が置かれています。このため、施設に常勤している医師による医学的な管理に基づいた看護や介護をはじめ、理学療法士（PT）や作業療法士（OT）、言語聴覚士（ST）などの専門職による、各種のリハビリが行われます。これらに加えて食事の提供や入浴介助など、日常生活において必要なケアも提供されます。

　介護老人保健施設は介護保険制度によって、「基本型」「加算型」「在宅強化型」「超強化型」「その他」の5つの施設類型に分けられています。

基本型や加算型の施設に比べると、在宅強化型や超強化型の施設は、利用者に対する在宅復帰のためのリハビリの内容や実績が、より充実している施設となります。

●要介護1以上の高齢者が対象

老健の入居は要介護1以上であり、症状が安定して入院治療の必要はないが、現状では自宅生活が難しい65歳以上の高齢者です。入居一時金などの費用はなく、認知症の人や看取りに対応する施設もあります。居室は多床室が中心ですが個室のある施設もあり、月額の料金は居住費や介護サービス費、食費などを合わせて6〜16万円ほどが目安となります。

介護老人保健施設の特徴

根拠法	介護保険法
運営主体	医療法人・社会福祉法人・地方公共団体等
入居対象	要介護1以上
年齢	原則65歳以上
介護サービス	施設提供
医療処置	日中帯は可
看取り	可
入居金	なし
月額料金の目安	所得によって6〜16万円

介護療養型医療施設

介護保険３施設の中で、最も医療が充実している施設。「社会的入院」や財政の問題から廃止が決定されており、他の施設への転換が進められています。

●介護保険で入院できる病院

　介護療養型医療施設は、病院や診療所に併設あるいは隣接するかたちで設けられた介護保険施設で、「介護保険で入院できる病院」と考えるとわかりやすいでしょう。長期間にわたる、医療依存度の高い療養生活を必要とする高齢者に対し、介護保険でも入院生活が送れるようにとして位置づけられた施設であり、介護療養病床とも呼ばれます。一般的には医療法人が運営し、病院に併設されていることがほとんどです。

●医療的なケアや介護、リハビリテーションなどを提供する

　介護療養型医療施設の最大の特徴は、介護保険３施設の中でも、最も医療や看護が充実しているということです。居室について、最近ではユニット型個室のある施設もみられますが、多くの場合、従来型の多床室が中心となります。居室の広さは多床室の場合ひとり当たり6.4㎡以上、ユニット型個室の場合は10.64㎡以上となります。その他に食堂、談話室、機械浴室、診療室、洗濯室、健康管理室、共同トイレなどの設備があります。

　提供されるサービスは、医師による診療をはじめ、医師や看護職員による医療的なケアや看護、専門の機能訓練指導員などによるリハビリテーション、介護職員による介護などです。このため、痰の吸引が必要な人や胃ろう、酸素吸入や人工呼吸器などを使っている人にとっては、24時間安心して暮らすことができる環境が整っています。

　一方で、介護療養型医療施設でのサービスは、あくまでも療養を目的としたものですので、買い物の支援やレクリエーションといったサービスは、あまり提供されません。

● 2018年3月で廃止が決定

介護療養型医療施設は、医療法と介護保険法に基づいた施設です。入所対象となるのは、原則65歳以上で「要介護1」以上の介護認定を受けており、日常的に医療行為が必要で長期にわたり療養が必要な人です。

　介護療養型医療施設は、以前から廃止が決定されていました。これは、同じ療養病床でも医療保険が適用となる「医療療養病床」と機能が重複していること、入所者には医療の必要性の低い人が少なくないこと、自宅や他の施設での療養ができる状態なのに介護する人がいない・家族が引き取らないなどといった理由で入院している社会的入院がみられる、といった理由によるものです。また、介護保険の財政が大変ひっ迫していることも、廃止の理由のひとつといわれます。

　しかし、廃止後の受け皿となる施設の整備や転換が思うように進まず、これまでも度々、廃止の期限が延長されてきました。現時点では、完全に介護療養型医療施設が廃止となるのは、6年の移行期間後の2024年3月末とされています。

介護療養型医療施設の特徴

根拠法	医療法・介護保険法
運営主体	医療法人・地方公共団体等
入居対象	要介護1以上
年齢	原則65歳以上
介護サービス	施設提供
医療処置	24時間可
看取り	可
入居金	なし
月額料金の目安	所得によって6～17万円

※入所対象者は要介護1以上だが、医療の必要性が高くなければ、現実的には入所が難しい

介護医療院

介護療養型医療施設に代わる新しい施設が、介護医療院。長期療養のための医療のほか、生活施設としての機能にも配慮しています。

●医療・介護サービスに加え「生活の場」となる施設

　2017年度末に廃止された介護療養型医療施設に代わる新しい施設として、2018年4月に誕生したのが介護医療院です。介護療養型医療施設が名目上は医療施設でありながら、実際には長期にわたる入院生活となる「社会的入院」の受け皿となっていたのに対し、介護医療院は、要介護の高齢患者に対して医療や介護を提供するのと同時に、生活の場を提供するという目的を、当初から明確にして設立されました。このため介護医療院は、生活施設としての機能と、日常的な医学的ケアや看取りなど終末医療の機能も兼ね備えた新しい高齢者施設として注目を集めています。

●高度な医療サービスや生活のサポートも

　介護医療院は、従来の介護療養型医療施設に比べると、要介護高齢者の生活施設としての機能にも配慮しています。このため、居室の広さも介護療養型医療施設よりも広い入所者ひとり当たり8.0㎡以上とし、多床室の場合でも、家具やパーティション、カーテンなどの組合せで室内を区分して、プライバシーを確保することを定めています。

　入所者に対しては、長期療養に必要な医療として、経管栄養や痰の吸引などの日常的な管理、病状が急変した際の処置、さらにターミナルケアも含めた高度な医療サービスを提供します。また、リハビリテーション、食事や入浴など、日常生活を支えるケアも行います。一方で特養などと比べると、介護療養型医療施設と同様に、レクリエーションやイベントといった生活サービスは、あまり提供されません。

●長期的な医療と介護を必要とする人が対象

　介護医療院は、医療法と介護保険法に基づいた施設です。入居できるのは原則65歳以上・要介護1以上で、長期的な医療と介護を必要とする人が対象となります。施設は「介護医療院Ⅰ型」と「介護医療院Ⅱ型」の2つの類型があり、Ⅰ型は従来の介護療養病床、Ⅱ型は介護老人保健施設に相当。このためⅠ型の介護医療院は、Ⅱ型の介護医療院よりも、より重い症状の人が対象の施設となります。

●早期移行への支援策で普及が進む

　介護療養型医療施設に代わる新たな受け皿として創設された介護医療院は、政府の方針によって積極的な移行が促されています。移行の対象となった介護療養型医療施設の数は、全国で約5万床にのぼりましたが、2021年3月までの移行にインセンティブが設定されたため、2022年6月末時点で727施設・4万3,323床まで増加しています。

介護医療院の特徴

根拠法	医療法・介護保険法
運営主体	医療法人・地方公共団体等
入居対象	要介護1以上
年齢	原則65歳以上
介護サービス	施設提供
医療処置	可（Ⅰ型は24時間、Ⅱ型は日中帯）
看取り	可
入居金	なし
月額料金の目安	所得によって7〜17万円

介護型ケアハウス

独居の高齢者などを対象に、比較的安価な費用で入所できる施設がケアハウスで、特定施設の指定を受けて重度介護まで対応できる「介護型」があります。

●独居に不安がある人向けの施設

ケアハウスは、社会福祉法人や地方公共団体などが運営する高齢者施設で、60歳以上で要介護状態ではありませんが、自立した生活に不安のある人を対象にした「一般型」と、65歳以上の要支援・要介護者が入居できる「介護型（特定施設）」の２つがあります。さらに介護型のケアハウスは、要介護者限定で入所できる「介護専用型」や、自立や要支援の高齢者とともに要介護の高齢者も入所できる「混合型」などに分類されます。

ケアハウスは、経済状況や家庭環境などによって家族と同居するのが困難な高齢者、あるいは身寄りのない独居の高齢者を対象に、自治体の助成を受けることで、一般的な有料老人ホームと比較すると安い費用で入所できることを目的に設立されました。利用料金が比較的安いのは、こうした背景があるからです。ここでは介護型のケアハウスについて解説し、一般型については後述する軽費老人ホームのページ（P.60）で説明します。

●介護型は重度介護まで対応が可能

ケアハウスの居室は、ひとり用の場合は21.6 ㎡以上、２人用の居室は31.9 ㎡以上と定められています。ただし、10室ほどの居室ごとに食堂やリビングを兼ねた共同生活室があるユニット型個室の場合は、居室の広さはひとり用で15.63 ㎡以上、２人用23.45 ㎡以上となっています。また共同生活室ごとにトイレやキッチンが備えられているタイプの施設の場合、居室にはトイレやキッチンがない場合もあります。

介護型のケアハウスでは、居室の掃除や洗濯・買い物などの生活支援

サービス、食事サービス、趣味・体操・イベントなどの実施、さらに健康相談・服薬管理・近隣医療機関との提携などの健康管理サービスを提供しています。

　さらに、介護型ケアハウスは介護保険制度における特定施設入居者生活介護に基づいた「特定施設」の指定を受けていることから、食事・入浴・排せつに関する介護や機能訓練、医療支援なども提供されます。このため介護型のケアハウスは、入居した人の介護度が高くなっても住み続けられるという大きなメリットがあります。

●介護専用型と混合型で入所対象が異なる

　介護型ケアハウスは、65歳以上の高齢者で、介護専用型なら要介護1以上、混合型なら自立もしくは要支援1以上の人が入所対象となります。さらに、「共同生活に適応できる」「身の回りの世話ができる」「身寄りがない」など、施設あるいは地域によってさまざまな条件がありますので、事前に施設へ問い合わせると良いでしょう。

介護型ケアハウスの特徴

根拠法	老人福祉法、社会福祉法、介護保険法
運営主体	医療法人・社会福祉法人・地方公共団体等
入居対象	要支援〜要介護
年齢	原則65歳以上
介護サービス	施設提供
医療処置	日中帯は可
看取り	可
入居金	0〜数百万円
月額料金の目安	所得によって16〜20万円

介護付き有料老人ホーム（要介護型）

> 主に民間企業が運営する介護付き有料老人ホーム（要介護型）は、ホームが介護サービスを提供する老人ホームで、多様な設備やサービスが特徴です。

●介護保険のサービスがセットになった有料老人ホーム

　有料老人ホームは、厚生労働省及び自治体が定めた設置基準をクリアし、都道府県への届け出を受理された高齢者住宅です。「介護付き」「住宅型」「健康型」の３類型があり、協力医療機関が必ず設定されています。介護付き有料老人ホームは、老人福祉法と介護保険法に基づいた施設です。後述する「住宅型有料老人ホーム」（P.54）と異なるのは、介護保険制度における特定施設入居者生活介護を提供することが認められていること。これにより、入居するとホームが提供する24時間の介護や生活支援、日常的な健康管理や医療的支援などのサービスを受けることができます。職種ごとに入居者数に応じた厳しい人員配置が定められており、夜間も必ず介護職員が勤務しているほか、看護師も必ず配置されています。介護付き有料老人ホームは24時間ケアが介護保険で受けられるので、介護費用が安定している点がメリットです。ただ、介護保険の利用限度額をすべてホーム提供のサービスで使い切るため、外部サービスや福祉用具レンタル等には介護保険が利用できません。また支払う介護費用は、介護を受ける入居者の介護度ごとの限度額の自己負担分に固定され、受けたサービスに相当しないケースも出てくることを知っておきましょう。

●ホームによって、設備・人員体制はさまざま

　設備は、13㎡以上のトイレ・洗面付きの個室と共有スペースである食堂やリビング、浴室などで構成されており、重度介護対応に必要な特殊浴槽（機械浴）が必ず設置されています。また、ホームによっては、看護師が24時間常駐していたり、リハビリの専門職が配置されているところもあります。

介護付き有料老人ホームは、主に民間企業が設置主体であり、設置基準を満たしていれば、それ以上の設備やサービスを提供するのも自由です。このため、ホームの人員体制、居室や共有スペースのグレードや設備、提供するサービス内容などは、ホームによって大きく異なります。

一般的に要介護者向けホームは、65歳以上・要支援1以上の人が入居対象となっています。その上で、要介護1以上でないと入居を受け付けない「介護専用型」や、自立もしくは要支援1以上の人から入居できる「混合型」などがあるので、事前に入居条件を確認することが大切です。

● ホームごとの費用の差が大きい

民間の有料老人ホームは、費用についてもホームごとの差が大きく、たとえば入居金であれば0円から数億円、月額の費用も15万円前後から100万円ほどまでと非常に幅広く、公共タイプの施設に比べると、総じて高額となります。

要介護型の介護付き有料老人ホームの場合は、費用の差は主にスタッフの数と、それによるサービスレベルの差です。このため予算によって、生活の安心感や快適度に違いが生じることを理解しておきましょう。

介護付き有料老人ホーム（要介護型）の特徴

根拠法	老人福祉法、介護保険法
運営主体	主に民間企業
入居対象	要支援〜要介護
年齢	主に65歳以上
介護サービス	施設提供
医療処置	日中帯可（24時間可もあり）
看取り	可
入居金	0〜3,000万円
月額料金の目安	15〜100万円

住宅型有料老人ホーム（要介護型）

介護保険制度の特定施設の指定を受けていないホームが住宅型有料老人ホームです。
要介護型では、外部もしくは併設の介護事業所による介護サービスを利用します。

●要介護の人を主な対象とした住宅型有料老人ホーム

有料老人ホームの３類型のひとつである「住宅型」には、要介護認定を受けている高齢者を入居対象とした要介護型の住宅があります。これは、有料老人ホームの設置運営標準指針を満たし、都道府県及び権限移譲された市町村に届出を受理され、特定施設の指定を受けない有料老人ホームです。

要介護型の住宅型有料老人ホームでは、食事提供や生活相談、緊急対応などのサービスを提供し、介護サービスは基本的に外部サービスを入居者が選んで利用する形となっています。

一般的には、館内に訪問介護等の介護事業所を併設し、入居者個々の介護プランに基づいた介護保険サービスと、ホームが提供する実費サービスを組み合わせて、24時間365日のケアを実現しているところが主流となっています。

●介護サービスを外部利用としていることが特徴

有料老人ホームとしての共用部や居室規定、医療機関との連携については、介護付き有料老人ホームと同様です。一方で、特定施設である介護付き有料老人ホームと異なる点は、介護サービスを外部利用としているため、介護職員などの人員配置規定はなく、介護の手厚さが見極めにくいことです。

また、看護師の配置規定もなく、ホーム内に看護師がいるところもあれば、いないところもあるのが現状です。また、訪問看護事業所を併設し、医療的ケアを可能にしているところも見られます。

住宅型有料老人ホーム（要介護型）のメリットは、入居者の状況や要

望に合わせて、サービスが自由に選択できるところ。介護保険サービスについても、居宅サービスから必要なサービを選ぶことができ、福祉用具レンタルなども介護保険が利用できます。費用も限度額内で利用した分の自己負担分となるため、効率の良い利用が可能になります。

ただし、入居先によって実費サービスの価格が異なっていたり、同じホームの中でも、その月に利用するサービスの内容や量によって費用が変わってくるなど、月々の介護サービス費にバラツキが出る可能性があるので注意しましょう。

●認知症の症状が重い場合、入居が難しいケースも

住宅型有料老人ホーム（要介護型）の入居対象は、要支援から要介護まで、いずれかの要介護認定を持つ人です。その上で最近では、要支援の人が利用できる訪問介護の家事支援サービス等が地域総合事業に移行したため、介護保険サービスが利用できる要介護1以上の人を対象としているところが増えています。認知症については、軽度の人は問題ありませんが、進行して周辺症状が見られる場合は、フロアの間取りやケア体制によって入居が難しいケースもあります。

住宅型有料老人ホーム（要介護型）の特徴

根拠法	老人福祉法
運営主体	主に民間企業
入居対象	主に要介護1以上
年齢	主に65歳以上
介護サービス	外部利用
医療処置	不可〜24時間可（日中可が多い）
看取り	不可〜可
入居金	0〜3,000万円
月額料金の目安	13〜100万円

サービス付き高齢者向け住宅（要介護者向け）

社会の高齢化に対応した賃貸住宅であるサービス付き高齢者向け住宅（サ高住）の中でも、要介護の人に適した居室やサービス連携があるのが要介護者向けのサ高住です。

●社会の高齢化に対応した高齢者の住まい

　2011年に、高齢者住まい法（高齢者の居住の安定確保に関する法律）の改正によって創設された高齢者住宅の登録制度に基づく住まいが、サービス付き高齢者向け住宅です。「サ高住」という略称で呼ばれるこの制度は、急激に進む社会の高齢化に対応することを目的に創設されました。

●サ高住には、自立者向けと要介護者向けがある

　サ高住は主に賃貸方式の住まいなので、入居時は家賃の3カ月分程度の敷金が必要となり、月々に家賃や管理費、サービス提供費、食費などを支払うのが一般的です。一方で少数ですが、高額なタイプには家賃の前払い方式のところもあります。

　サ高住は居室面積や設備、主な入居対象などによって、自立者向けと要介護者向けの2つに分類することができます。サ高住全体のうち、要介護者向けが約8割を占めていますが、要介護者向けか自立した人向けかは明記されていないので、事前に確認する必要があります。

●介護サービスや医療連携が充実した、要介護者向けのサ高住

　要介護者向けのサ高住は、要介護認定を受けている人を入居対象としていますが、住宅型有料老人ホームと同様に、介護保険サービスが利用できる要介護1以上の人を対象にしているところが増えています。軽度の認知症は問題ありませんが、周辺症状が出ていると見守りやケアが難しい傾向がありますので注意しましょう。

　居室の面積は18㎡以上、トイレ・洗面・収納付きで、キッチンや浴室は備えていません。その代わり、共用部に食堂や必要数の浴室などが設けられています。この形から「自分で炊事をしない人」「ひとりで入浴で

きない人」すなわち要介護の人向けという判断になります。ただし中には、居室が25㎡以上あるが入居対象は要介護者に絞っているところや、18㎡タイプで自立している人も入居できるというケースもみられます。

　住宅の職員は24時間常駐し、安否確認と生活相談という規定のサービスを行います。さらに併設の介護事業所に介護スタッフが常駐し、24時間の介護サービスを提供するほか、近隣の医療機関と契約しての訪問診療なども受けられます。ただし、規定サービス以外の食事や生活支援、健康管理、介護や医療支援などといったサービスはすべて事業者の裁量となっているため、サービス提供にバラツキがあります。さらに2022年9月からの省令改正で一定の条件をクリアすれば住宅の職員は不在となるケースも現れるので個々に確認が必要です。

　介護サービスは住宅型有料老人ホームと同様に、外部もしくは併設している介護事業所を入居者が選ぶのが基本で、多くの場合、利便性の良い併設サービスを利用するのが一般的です。個々の介護プランに基づく介護保険のサービスに、住宅が提供する実費サービスを加え、24時間対応の形をとっていることも特徴です。看護師配置の規定はありませんが、常勤もしくは訪問看護事業所を併設し、健康管理や服薬管理、医療的ケアが可能なところもあります。

サービス付き高齢者向け住宅（要介護者向け）の特徴

根拠法	高齢者の居住の安定確保に関する法律
運営主体	民間企業
入居対象	主に要介護 1 以上
年齢	主に 65 歳以上
介護サービス	外部利用
医療処置	不可〜 24 時間可
看取り	不可〜可
入居金	20 〜数千万円（敷金・前払い家賃）
月額料金の目安	15 〜 30 万円

認知症高齢者グループホーム

認知症の診断を受けた人を対象に、小規模で家庭的な雰囲気の中、住み慣れた地域での生活を支えていく住まいが、認知症グループホームです。

●認知症の人が地域で穏やかに暮らすための施設

グループホームとは、その人が住み慣れた地域で暮らし続けるための、地域密着型の高齢者住宅です。認知症の人を対象に、規模の小さな落ち着いた環境の中で暮らすことができるもので、具体的にはひとつの共同生活住居（ユニット）に5〜9人の認知症入居者が、介護スタッフの支援を受けながら暮らします。家庭的な環境によって、認知症状の進行を穏やかにしつつ、その人の能力の維持を図ることが、グループホームの大きな役割です。

●介護職員による24時間365日の認知症ケアを提供

居室は原則として個室で広さは7.43㎡以上と定められており、5〜9室の個室に対し、台所や食堂、浴室や洗面所、トイレなどは共同での使用となります。これを1ユニットとして、多くは1施設2ユニットまでと定められています。施設によっては、トイレや洗面所が個室に設置されているところもあります。

施設内では、入居者が穏やかな生活を送ると共に、その人の状態に合わせて介護職員による24時間365日の介護サービスが提供されます。介護体制は日中帯はユニットごとに3：1以上の職員配置が規定されており、手厚い見守り、介護が受けられます。一方でグループホームは、医師との連携や看護師の配置が必須ではなく、重度介護用の設備も義務付けられていません。ですから、介護度が高くなったり医療的支援が日常的に必要になった場合などは、退去を求められることもあります。

一方で、看護師を配置したり訪問看護ステーションと連携することで、入居者の健康管理や医療処置、緊急時の対応、さらには看取りなど、医

療連携に力を入れているホームもみられます。

●**要支援2以上の認知症の人が入居対象**

　グループホームは、老人福祉法と介護保険法に基づいた住まいです。入居条件は、①65歳以上の高齢者で、要支援2以上の認定を受けている人、②医師から認知症の診断を受けた人、③施設と同じ市区町村に住民票がある人です。以上の3項目のほか、ホームによって身体状況に制限のあるケースもあります。

　近年は、長寿化によって認知症高齢者の増加が著しく、重度の認知症まで対応できるグループホームは需要が高まっています。さらに、看護体制や医療支援の充実した施設が増えてきたことで、入居者の看取りまで行う施設も増えてきました。これにより、これまで以上に認知症の人が住み慣れた地域で最後まで暮らすことができるようになり、高齢化がさらに進む今後に向けて、いっそうの拡充が期待されています。

グループホームの特徴

根拠法	老人福祉法、介護保険法
運営主体	主に民間企業
入居対象	要支援2以上、認知症の診断
年齢	原則65歳以上
介護サービス	施設提供
医療処置	個々に異なる
看取り	個々に異なる
入居金	0～数百万円
月額料金の目安	12～40万円

軽費老人ホーム（A型・B型・一般型ケアハウス）

生活に不安のある高齢者を対象に、所得に応じた費用で住まいを提供するのが軽費老人ホーム。種別によって食事サービスが付くものもあります。

●いくつかの種別がある軽費老人ホーム

軽費老人ホームは、生活に不安のある高齢者を主な対象に、有料老人ホームなどに比べると安価な費用で入居ができる、自立した人向けの公共タイプ高齢者施設です。

軽費老人ホームは老人福祉法や社会福祉法に基づいた施設で、3つの種別があります。A型は食事の提供を行い、B型は自炊が原則です。ケアハウスには、介護型と一般型があります。一般型では、食事提供などの基本的な生活サービスを受けながら、自立した生活が送れるようになっています。

なお、軽費老人ホームは2008年にケアハウスに一元化され、A型・B型については少数の既存施設のみ、運営が継続されています。

●介護が必要になると、退去を求められることも

軽費老人ホームの最大のメリットは、公共タイプの施設ということで、所得が低い人の場合は、それに応じて利用料も安くなることです。また、多くは自立の人を入居対象としているため、一般的な要介護者向けの公共タイプの入所施設に比べると、住む人の生活の自由度が高いことも特徴です。一方で、A型は居室の面積が6.6㎡以上と狭いこと、特定施設である介護型を除いては、介護度が進行したり認知症を発症した場合は退去して、特別養護老人ホームや要介護型の有料老人ホームなどに移らなければならないことなどがデメリットです。

●介護サービスは提供されないのが一般的

軽費老人ホームの居室は個室ですが、施設によっては夫婦用の2人部屋を用意しているところもあります。これに、共同のトイレや浴室など

が付随するのが一般的です。B型の場合は食事が提供されないので、自炊用として居室内にキッチンが設置されています。また一般型ケアハウスの居室には、トイレ・洗面・ミニキッチンが設置され、浴室付きのタイプも見られます。

　軽費老人ホームでは、入浴支援や生活相談、緊急対応などの、日常生活必要なサポートに加えて、A型やケアハウスでは食事の提供が加わります。一方で、食事の介助などの介護サービスは提供されません。A型やケアハウスでは、外部の事業者によるサービスを利用することにより、家事援助や入浴介助などの介護サービスを受けることができます。

　軽費老人ホームの入居者は、原則として60歳以上の高齢者または夫婦のどちらかが60歳以上。自分で身の回りの世話ができるということが基本的な条件で、所得の上限や共同生活に適応できるかも考慮されます。

軽費老人ホーム（A型・B型・一般型ケアハウス）の特徴

根拠法	老人福祉法、社会福祉法
運営主体	社会福祉法人・地方公共団体
入居対象	自立〜要介護（軽度）
年齢	60歳以上
介護サービス	外部利用
医療処置	不可
看取り	不可
入居金	0〜数十万円
月額料金の目安	所得に応じて5〜15万円

シルバーハウジング

ケアハウスよりもさらに低コストで入居できる、公的な賃貸住宅がシルバーハウジングです。常駐する生活援助員による生活支援サービスが受けられます。

●バリアフリーの居室と生活支援サービスを提供

シルバーハウジングは、地方公共団体や都市再生機構、住宅供給公社が供給主体となる、公営の高齢者向け賃貸住宅です。高齢者が自立して生活することができるよう、居室は手すりや段差解消などバリアフリー化が施され、緊急通報システムの設置など、高齢者の安全な生活に配慮した設備が備わっています。

●ライフサポートアドバイザーによる支援が特徴

シルバーハウジングの大きな特徴となっているのが、生活援助員（ライフサポートアドバイザー：LSA）による生活支援です。LSAは住宅内に平日は日中常駐し、安否確認や緊急時対応等のサービスを提供します。また無料で、入居者の生活に関するさまざまな相談にのります。ここで注意したいのが、LSAは介護をするための職員ではないという点です。このためLSAは、介護サービスの提供は行いません。介護サービスが必要な場合は、一般住宅と同様に入居者が個別に近隣の介護サービス事業者と契約することが必要となります。

●ケアハウスよりもサービスが少ない分、安い費用での入居が可能

この住まいは、国土交通省と厚生労働省による、「シルバーハウジング・プロジェクト」に基づいて供給されるものです。入居対象となるのは原則として60歳以上の高齢者または夫婦のどちらかが60歳以上で、所得制限のほか、持ち家がある場合は入居することができません。シルバーハウジングは「自分で身の回りの世話ができる人」が対象の住宅なので、常時の家事支援や介護や医療に関するサポートがないことは理解しておきましょう。

　サービス要員が少なく、食事などのサービスもない分、入居費用が安いことも特徴で、敷金は0～数十万円、食費を含まない月額の費用は1～10万円と、負担の少ない費用で入居することが可能です。

●**ニーズはあるが、数は増えていない**

　費用負担が少なく、バリアフリーや生活相談、緊急時の連絡など、高齢者の安全な暮らしに配慮したシルバーハウジングは、住宅の費用を抑えたい自立高齢者には最適です。しかし、シルバーハウジングの魅力である割安な家賃（家賃減免）や生活支援サービスのコストは、公的な補助で賄われています。このため、国や自治体の社会保障財源がひっ迫していることから、シルバーハウジングの数はなかなか増えていないのが現状です。

シルバーハウジングの特徴

根拠法	公営住宅法
運営主体	地方公共団体・都市再生機構、住宅供給公社
入居対象	自立～要介護（軽度）
年齢	60 歳以上
介護サービス	外部利用
医療処置	不可
看取り	不可
入居金	10 ～ 30 万円
月額料金の目安	4 ～ 13 万円

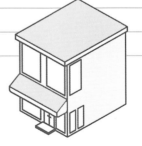

自立型有料老人ホーム（健康型・住宅型・介護付き）

> 主に60歳以上の自立した高齢者を対象に、要支援から軽度の介護が必要な人まで
> を入居対象とした、民間タイプの高齢者の住まいが自立型有料老人ホームです。

●自立型有料老人ホームには３つの類型がある

　先に解説した要介護型有料老人ホーム（介護付き・住宅型）が、65歳以上・要支援１以上の人だけを対象にした住まいであるのに対し、自立型有料老人ホームは自立した人を主な対象に、要支援および軽度の身辺自立高齢者まで、入居できる住まいです。

　有料老人ホームには、「健康型」「住宅型」「介護付き」の３つの類型がありますが、いずれにも自立型のタイプがあります。「健康型」は、自立した元気な高齢者のみが居住できるホームで、介護サービスの提供はないため、入居後に介護が必要になった場合は、契約を解除して退去することが求められます。

　「介護付き」「住宅型」は介護保険サービスの受け方が異なりますが、一部の住宅型を除いては、重度対応から看取りまで可能となっています。入居対象は自立した人ですが、基本的には最期まで住み続けることが可能です。

●居室数が多い大規模型のホームが主流

　現在、有料老人ホームは全国で約１万5600ホーム、約55万戸あります（2022年４月）。これら全体の居室数のうち、要介護型が90.7％を占め、自立型は9.3％と少数になっています。自立型有料老人ホームは居室数が多い大規模型のホームが主流となっており、共用部分も広く、プールやフィットネスルームがあるホームなど、共用設備も充実しているところが少なくありません。

　元気なうちはマンションタイプの一般居室で生活します。部屋の広さは30 〜 150㎡で、単身者をはじめ夫婦や親族でも同室入居ができ、必要

に応じて介護サービス等を使いながら自立した生活を送ることができます。また、介護が進行するとホーム内の介護居室に移動します。ワンルームの介護居室はトイレ・洗面付きの13㎡以上の部屋で、ホーム内で24時間のケアを受けることができます。

なお、有料老人ホームは必ず医療機関と連携していますので、万が一の病気やケガの際も安心ができます、さらに最近では、終末期の看取りまで可能なホームも増加しています。

● **健康寿命を延ばし、終の棲家とすることができる**

自立型有料老人ホームのメリットは、元気なうちに入居することで健康寿命が延伸できることです。また、将来の介護についても安心できるので、終の棲家とすることが可能です。一方でデメリットとしては、その他の高齢者向け施設や住まいに比べると、高額な入居一時金が必要になることが挙げられます。

自立型有料老人ホーム（健康型・住宅型・介護付き）の特徴

根拠法	老人福祉法（介護付きは介護保険法も）
運営主体	主に民間企業
入居対象	自立〜要介護（軽度）
年齢	60 歳以上（ホームによって異なる）
介護サービス	健康型はなし、介護付きは施設提供、住宅型は外部利用
医療処置	日中は可（24 時間可もあり）
看取り	可が主流
入居金	0 〜 2 億円
月額料金の目安	11 〜 100 万円

サービス付き高齢者向け住宅（自立者向け）

サービス付き高齢者向け住宅（サ高住）の中でも、主に60歳以上の自立した人や比較的介護度の軽い人を対象にした住まいが、自立者向けのサ高住です。

●安否確認と生活相談以外のサービスはすべて事業者の裁量

サ高住は、自立者向けと要介護者向けの2つに分類されます。いずれの場合も、原則として館内に介護・医療・福祉の資格を持った職員が日中1名以上配置され、安否確認と生活相談のサービスが義務付けられています。ただしこの職員は、介護サービスは行いません。

食事や生活支援、健康管理、介護や医療支援などといった、安否確認と生活相談以外のサービスは規定がなく、すべて事業者の裁量です。このため、個々の住まいのサービス項目や内容にはバラツキがあり、見極めが難しくなっています。介護サービスは住宅型有料老人ホームと同様に、本人選択の外部サービス利用が基本です。

●月々に家賃や管理費などを支払う賃貸方式

自立者向けのサ高住と要介護者向けのサ高住は、居室面積や設備、主な入居対象などによって区別することができます。ただし、サ高住全体のうち約8割が要介護者向けとなっており、自立者向けのサ高住の数は少ないのが現状です。なお、多くの場合、そのサ高住が自立者向けなのかあるいは要介護者向けなのかは明示されていないため、個々に確認する必要があります。

サ高住は主に賃貸方式なため、入居時は家賃の3カ月分程度の敷金が必要となり、月々に家賃や管理費、サービス提供費、食費などを支払うのが一般的です。一方で少数ですが、高額なタイプには家賃が前払い方式のところもあります。

●自立者向けのサ高住は、認知症の人には適さない

自立者向けのサ高住は、元気な人から身の回りのことが自分でできる

介護度の軽い人が主な入居対象となります。玄関の出入りが自由で、また十分な見守りもできないため、認知症の人の入居には適しません。居室面積は25㎡以上で、自立生活が送れるようトイレ・洗面・キッチン・浴室・収納付きとなっています。数は少ないですが、居室面積が40㎡以上の広いタイプもあります。

　住宅の職員は原則として1名以上の日勤で、サービスは既定の安否確認・生活相談と食事サービス程度が一般的です。また、夜間は職員不在で警備会社対応のケースが多くなっています。さらに2022年9月からの省令改正で、一定の条件をクリアすれば住宅の職員は不在でも登録できるようになりました。

　介護サービスは外部もしくは併設する介護事業所を入居者が選んで利用します。ただし、一般住宅と同様の在宅サービスで24時間対応ではないため、介護度が中等度以上になると生活が困難になり、再度重度対応が可能な施設へ住み替えが必要となります。また医療連携についても、情報提供レベルからしっかりとした連携まで個々に異なるので、内容の確認が必要です。

サービス付き高齢者向け住宅（自立者向け）の特徴

根拠法	高齢者の居住の安定確保に関する法律
運営主体	民間企業
入居対象	自立～要介護（軽度）
年齢	主に60歳以上
介護サービス	外部
医療処置	不可
看取り	不可
入居金	30万～1億円
月額料金の目安	20～50万円

シニア向け分譲マンション

> シニア向け分譲マンションは、バリアフリーなど高齢者の暮らしに配慮した住まいですが、高齢者住宅としての法律的な設置基準や登録義務はありません。

●高齢者の暮らしに配慮した分譲マンション

　民間企業が販売する分譲住宅で、バリアフリーや生活支援など、高齢者の住みやすさや生活のしやすさに配慮した分譲タイプの集合住宅をシニア向け分譲マンションと呼びます。このタイプの住まいの最大の特徴は、社会福祉法や介護保険法、老人福祉法といった、高齢者住宅に関係する法律の適用を受けていない住宅商品だということです。

　たとえば、同じようなタイプの住まいであるサ高住は、「高齢者の居住の安定確保に関する法律」に基づいて、バリアフリーをはじめとした設備の設置基準が定められており、設置・運営には自治体への登録が義務づけられているのに対し、シニア向け分譲マンションには、高齢者住宅としての基準や義務はありません。このため、住まいの設備や提供されるサービスについては、建物を企画・販売する事業者によって違いはありますが、シニアに向けた高額な住宅商品として、バリアフリーや耐久性をはじめ、ハイグレードな住宅設備、24時間の管理体制が整えられているのが、シニア向け分譲マンションの特徴です。

●シニア向けだが入居条件はない

　入居に関する条件は特になく、自立した人から要介護の人まで入居することが可能です。食事やフロントサービスなどの日常的な生活支援については、特に法律的な設置義務はありませんが、多くの事業者がシニア向けのサービスのひとつとして用意しています。一方で介護サービスが必要な場合は、一般の住宅と同じように、入居者が個々に外部の介護事業者と契約をして利用しますが、介護事業所との連携や併設のあるマンションも増えています。また、医療機関への通院の便宜や看護師を置

いて健康相談に応じるところも見られます。

　居室については、1LDK〜3LDK程度までさまざまです。費用については、分譲マンションであることから高額で、分譲価格は2,000万〜1億円、月額費用は12〜20万円ほどが一般的です。

●個人の資産なのでリフォームや売買も自由

　シニア向け分譲マンションのメリットは、同じ民間タイプの住宅でも、賃貸形式のサ高住や利用権方式の有料老人ホームとは異なり、その人が所有する不動産＝資産になるということです。このため、賃貸物件として他者に貸し出すこともできますし、リフォームや売買も自由に行うことができます。また、生活面の制限はなく、サービス利用も任意なので、他の高齢者住宅に比べて自由度が高いことが特徴です。

　一方でデメリットとしては、費用が高額であること、固定資産税などの税負担が生じること、全国的にも物件の数がそれほど多くなく、中古市場が確立されていないため、売却価格が下落しがちな点が挙げられます。また、管理は区分所有法に基づき、入居者が形成する管理組合が行うため、高齢者だけの管理組合の運営にも課題が見られます。

シニア向け分譲マンションの特徴

根拠法	−
運営主体	管理組合（企画・販売は民間企業）
入居対象	自立〜要介護
年齢	（中〜高齢者）
介護サービス	外部利用
医療処置	不可
看取り	不可
入居金	2,000万〜1億円
月額料金の目安	12〜20万円

STEP 3 施設に入るための お金を知る

入居する人の資金をチェック

年金収入はもちろん、土地や家屋、有価証券や貯金など、今、自分にどれくらいの資産があるのかを、まずは正確に把握しておくことが重要です。

●保有する資産の額を確認する

　高齢者施設への入居を考える場合、最初にやるべきことが、資金のチェックです。今、自分や配偶者がどれくらいの資金・資産を持っているのか？　そして今後、どれだけの収入があるのかについて、できるだけ具体的に把握しておきましょう。

　まずは、自分や配偶者の保有する資産について確認します。土地、家屋、有価証券、預貯金、生命保険などについて、具体的な金額を洗い出して合計し、自分たちが現時点で、どれくらいの資産を持っているのかを把握してください。土地や家屋については、不動産業者に相談をしたり、インターネットなどで近隣の土地や家屋の売買価格を調べるなどして、売却した場合のおおよその相場を調べておくと良いでしょう。

●年金を中心とした月々の収入

　保有する資産と併せて確認しておきたいのが、今後の定期的な収入です。基本となるのは国民年金や厚生年金などの年金額。年金以外に定期的かつ長期間にわたって継続する収入のある場合は、それも定期的な収入としてカウントしましょう。

　年金については、その人が亡くなるまでに受け取る金額について、極端に大きな受給額の変動はないと思われます。しかし、夫婦の場合は、ひとりになったときの年金額がどう変化するかを想定した上で、資金計

画を立てなければなりません。年金以外の収入についても、将来に向けてどのように変化するのかについて考慮しておくことが必要です。

●**支出も確認しておく**

　資金のチェックと合わせて、生活費以外に絶対に必要な公的な支出も確認しておくと良いでしょう。

　たとえば介護保険料は、すべての人の加入が法律で決められており、65歳以上の人も第1号被保険者として定められた額を納めなければなりません。また、高齢者施設入居後も、自宅を売却や相続しない場合、固定資産税の支払いが発生します。

　このように、所有する資産・資金の合計額と今後支払いが必要な金額を明らかにすることで、高齢者施設入居に使える金額（予算）や、その後の生活に使うことのできるおおよその費用を把握することができます。

まず入居の元手を洗い出す！

保有資産

●**土地、家屋、有価証券、預貯金、生命保険など**

※土地や家屋は、現時点での相場を確認する

月々の収入

●**年金、その他高齢者施設に入居後も継続する収入**

契約形態や支払い方法は？

民間タイプの高齢者住宅では、いくつかの契約方式や支払い方式があります。それぞれのメリットとデメリットを理解して、施設選びに臨みましょう。

●居室の権利とサービス提供が一体となった利用権方式

　有料老人ホームやサービス付き高齢者向け住宅など、民間タイプの高齢者住宅の入居に当たっては、主に利用権方式と建物賃貸借方式の2つの契約形態があります。

　利用権方式は、共同部や居室を利用する権利と生活支援などのサービスを受けることが一体となった契約です。この契約の利用権は入居者だけに付されたものであり、相続や譲渡はできません。多くの有料老人ホームが、利用権方式の契約を採用しています。

●賃借権が発生し相続や譲渡もできる建物賃貸借方式

　建物賃貸借方式は、契約した居室に住む権利のみで、サービスは基本的に含まれません。一般的な賃貸住宅と同じように、入居者が賃料を支払うことで、原則的に事業者都合で退去を強いられないなど、居住に関する権利（賃借権）が確保されます。またこの賃借権は、利用者が死亡しても、同居する配偶者や親族に相続されます。なお、都道府県知事から認可を受けた住宅が採用できる「終身建物賃貸借」という方式の契約の場合は、利用者の死亡によって自動的に契約が終了します。サービス付き高齢者向け住宅の多くが、建物賃貸借方式での契約となっています。

●支払い方法の3つの方式

　高齢者施設への入居費用の支払い方にも、いくつかの方式があります。全額前払い方式は、定められた償却期間の家賃分を、前払金や入居一時金として、一括して前払いするものです。月払い方式は、入居している期間の間、毎月家賃も含めた費用を払うものです。

　前払いと月払いを組み合わせた形の支払い方法が、一部前払い・一部

月払い方式です。家賃の一部を前払いにすることで、月々の支払額の負担を軽減できるというメリットがあります。

前払いや月払い等、複数の支払プランを設定している場合は、自分の状況に合った支払い方が選べます。

前払金・入居一時金は、償却期間内の退去なら返還があります。入居時に支払った前払金や入居一時金は、償却期間中に退去する場合は、返還金の算式に基づき15〜30％の初期償却分を差し引いて未償却分の費用が返還されます。ただし有料老人ホームやサ高住に入居して短期間のうちに退去した場合は、「短期解約特例制度（クーリングオフ）」が適用されます。この制度は、入居後90日以内に施設との契約が解約された場合、前払いしていた入居一時金について、利用料の日割り分や原状回復費用を除き、初期償却をせずにすべて返還されるというものです。

この制度は老人福祉法に定められているもので、施設側は必ずその義務を果たさねばなりません。

家賃分の支払い方のメリット・デメリット

家賃分の支払い方	メリット	デメリット
全額前払い方式	月々の支払額を抑えることができる 償却期間を過ぎると追加金不要のケースが多く、長く住めばトータルコストが少なくてすむ	初期費用が高額になる
月払い方式	初期費用が抑えられる	月々の家賃支払いが長期にわたる。居住年数が長くなるほど、トータルでのコストが高くなる
一部前払い・一部月払い方式	月払い方式に比べると、月々の支払額が軽減できる	全額前払いと比べると、月々の家賃の支払が発生し、長期にわたる

死ぬまでにかかるお金を計算する

高齢者住宅・施設に入るための費用や資金を考える前に、これからの自分の生活で、死ぬまでにどれくらいのお金が必要になるのかについて知っておきましょう。

●日本人の5人に3人は平均寿命より6年長生きする

　高齢者住宅・施設への入居を考える上では、入居後、死ぬまでにかかるお金＝コストについて、まずは大まかに計算し、その概要を把握しておきましょう。

　現在、日本人の平均寿命は男性が81.09歳、女性は87.26歳といわれます。これはあくまでも平均の寿命で、いまや100歳まで生きる人も決して珍しくありません。実際に、2016 〜 2017年の人口統計などを元にしたデータでは、死亡者がピークになる年齢は男女いずれも平均寿命よりおよそ6歳高くなっており、日本人の5人に3人が平均寿命よりも長生きをしています。つまり、日本人のうち過半数の男性が87歳、女性は93歳まで寿命があるということです。そこで、少し余裕をみて夫婦共に100歳まで生きるとして、それまでにかかるお金を考えてみましょう。

●夫婦2人で100歳まで生きた場合の収支

　総務省の「家計調査（2人以上の世帯）」平成31年1月分によると、高齢者の多くが含まれる無職世帯の1カ月の平均支出は、26万880円となっています。

　一方で、厚生労働省が発表した「平成31年度の新規裁定者（67歳以下の方）の年金額の例」を見ると、夫婦2人の老齢基礎年金を含む厚生年金の標準的な年金額は1カ月当たり22万1,504円で、毎月約4万円不足している状況がみえます。65歳から年金生活が始まると仮定すると、夫婦がともに100歳まで生きた場合、約1,654万円が足りないことになるのです。

●1,650万円以上は、将来への備えに

　実際には、夫婦のいずれかが先に亡くなるでしょうし、そうなると世

帯としての支出は前述の金額よりも減り、同様に年金収入も減額されますので、このような数字にはなりません。しかし大まかなイメージとして、夫婦が共に100歳まで病気や要介護状態にならず、今の自宅で平均的な暮らしをするとして、65歳時点で年金収入以外に、およそ1,650万円、80歳になったときには950万円ほどの資産が必要だということになります。しかし実際には、医療費や介護費用等がかさみ、必要額はもっと増えるでしょう。高齢者住宅・施設への入居を考えるなら、さらに高額な資金が必要となります。

無職世帯（2人以上）の1カ月の平均支出（例）

<内訳>

● 食費	68,976 円
● 住居	14,605 円
● 水道光熱	27,292 円
● 家具、家事用品	7,976 円
● 被服費等	7,579 円
● 保健医療	14,548 円
● 交通・通信	27,271 円
● 教育	341 円
● 教養娯楽	22,232 円
● その他 (主な内訳－理美容、おこづかい、交際費、嗜好品、諸雑費など)	54,114 円
● 税金 社会保険料	15,947 円

※内訳は主要項目を挙げたため、内訳を足しあげても必ずしも合計とは一致しない（総務省「家計調査（2人以上の世帯）」平成31年1月分より）

● 合計	260,881 円

●「家計調査」の住居に関する費用は？

　ここまでは、夫婦が65歳から共に100歳まで生きた場合にかかるお金について、平均的な世帯の支出や老齢年金を含む厚生年金の標準額を元に「65歳時点で年金収入以外に最低でも1,650万円ほどの資産が必要である」と考えました。

　しかし、ここで注意していただきたいのは、上記の試算では、自宅生活での支出における住居に関する金額がとても低くなっていることです。改めて総務省の「家計調査（2人以上の世帯）」平成31年1月分の無職世帯の部分をみると、住居に関する消費支出の合計は2万5,707円となっており、その内訳は、家賃地代3,503円、設備修繕・維持1万1,102円、設備材料3,665円、工事その他のサービス7,437円となっています。つまりこれは、主に持ち家の世帯の支出であると考えられ、高齢者住宅・施設での生活を考えると、かなり乖離した数字であるといえるでしょう。

●特養や有料老人ホームの費用

　高齢者住宅・施設の入居にかかる一時金や毎月の費用はさまざまであり、詳しくは78ページ以降で解説しますが、ひとり当たり特別養護老人ホームの場合は、入居一時金なしで第4段階なら介護費用を含めて毎月10〜15万円程度の費用がかかります。介護型の有料老人ホームであれば、基準レベルの施設の場合、月払い方式で、毎月の費用は約20万円くらいでしょう。なお、これらの高齢者施設の費用には、居住費のほかに食費、生活支援サービスなどの費用も含まれています。

●施設での暮らしは安心な分、持ち家よりもかなりコストがかかる

　もう一度、前記総務省の家計調査の内訳を整理すると、無職2人世帯の毎月支出総額26万880円のうち、住まい・食費・水道光熱費を合計すると11万873円となります。一方で、食費や水道光熱費も含まれた特養の毎月のホテルコストは夫婦2人なら22〜25万円、有料老人ホームの場合は同室だと約35万円ですから、その費用の差額は、特養の場合で11〜14万円、有料老人ホームでは24万円にもなります。

　こうした試算の上で、夫婦2人が80歳から施設に入る場合と自宅で過ごす場合を比較してみましょう。持ち家で施設に入らないときの「住まい・食費・水道光熱費」の合計は20年間で約2,660万円であるに対し、介護費用をのぞいて特養の場合は5,280 〜 6,000万円、有料老人ホームは8,400万円がかかります。すると、持ち家での暮らしの資金に対して、特養の場合 +2,620 〜 3,340万円、有料老人ホームの場合は +5,740万円の資金が、年金不足分に加えてさらに必要になるということがわかります。

　ただし、この比較には介護費用は含まれていないので、実際には何歳からどこで介護生活を送るかで、金額差は大きく異なってきます。自宅生活では重度の要介護状態になると介護保険だけではまかなえなくなり、利用限度額を超えた分が10割負担となって施設での介護費用を大きく上回るケースも考えられます。資金計画はできるだけ具体的に、これからの生活を想定した上で考えることが大切です。

持ち家と施設の基準生活費の差額（夫婦2人80歳から100歳まで）

自宅（持ち家）

1カ月・2人の生活で、住まい・食費・水道光熱費の支出の合計は11万873円
20年間で約2,660万円
（介護費用は含まない）

20年の差額は約2,620万円 〜 3,340万円

20年の差額は5,740万円

特別養護老人ホーム

1カ月・2人の生活で、住まい・食費・水道光熱費も含めた毎月の費用は22万〜25万円
20年間で約5,280 〜 6,000万円
（介護費用は含まない）

介護型有料老人ホーム

1カ月・2人の生活で、住まい・食費・水道光熱費も含めた毎月の費用は35万円
20年間で約8,400万円
（介護費用は含まない）

> この試算では、介護や医療ケアを受けるためのコストが含まれていない。このため、持ち家と高齢者施設とで同様のサービスを受けた場合、実際の支出の差はもっと小さくなる。

特別養護老人ホーム・老人保健施設・
介護療養型医療施設・介護医療院でかかる費用

これらの施設は、いずれも入居一時金が必要なく、居住費や食費に国が定める段階ごとの負担限度額があり、比較的安価で入居し生活できるのが大きな特徴です。

●所得によって変わる居住費や食費の負担

　特別養護老人ホーム（特養）は、介護保険制度に基づいた介護保険3施設のひとつです。有料老人ホームのように、入居に当たって前払いする入居一時金は必要なく、費用の負担は毎月の利用料金のみとなります。

　利用料金は、居住費、食費、介護サービス費、その他の日常生活費に大別されます。居住費や食費については、国によって基準日額が定められています。加えて入居者本人とその配偶者・扶養義務を負っている子どもの合計所得によって、第1段階（生活保護者等）から第4段階（市区町村民税課税世帯）まで、それぞれに負担限度額が決められています。負担限度額を超えた分については、負担限度額認定を受けている第1段階〜第3段階の人なら「特定入所者介護サービス費」として介護保険から支給されます（P.117参照）。

　介護サービス費は、介護を受けるための費用で、その人の要介護度が高くなるほど限度額は高額となり、さらに居室のタイプによっても異なります。また、提供するサービスや処置、職員の体制や設備などにより、介護サービス加算が加えられます。

●居室のタイプによって月額13〜15万円が目安

　居住費や食費、介護サービス費に加えて、日常生活に必要な被服費や介護消耗品費などの雑費や医療費がかかります。これらを合計すると、第4段階に該当する要介護3の人で多床室に入所した場合は約13万円、ユニット型の個室に入居した場合は概ね15万円ほどの費用が、毎月かかります。なお特養については、家具やベッドなどは施設の備品として用意されているので、入居者が自分で購入する必要はありません。

●老人保健施設や介護療養型医療施設・介護医療院の費用

　老人保健施設や介護療養型医療施設・介護医療院も、介護保険施設となります。このため特養と同様に、いずれの施設も入居に当たって前払いする一時金は必要なく、月額費用のみの負担となります。また月額費用についても、やはり特養と同じように、居住費、食費、介護サービス費、その他の日常生活費がかかり、毎月の生活や介護の費用は特養と同じ程度となっています。

　なお、介護療養型医療施設や介護医療院は医療依存度の高い人の施設ですので、ほかより医療費が高額になり、その分、月々の必要額が高くなります。

特別養護老人ホームの月々の費用例
（要介護度3・利用者負担第4段階(住民税課税世帯)・30日間の場合)

居住費（ユニット型個室）	60,180 円
食費	43,350 円
介護サービス費	23,790 円
日常生活費	10,000 円
合計	137,320 円

介護医療院の月々の費用例
（要介護度3・利用者負担第4段階(住民税課税世帯)・30日間の場合)

居住費（ユニット型個室）	60,180 円
食費	43,350 円
介護サービス費	35,640 円
雑費（介護消耗品費など）	10,000 円
合計	149,170 円

※介護サービス費は、Ⅰ型療養機能強化型A相当
※医療費は含まれていないが、実際は必要となる

有料老人ホームでかかる費用

> 入居一時金や月額費用について、大きな差があるのが有料老人ホームの特徴。
> 住宅型に比べると介護付きは、やや高額になります。

●費用の幅が非常に広い有料老人ホーム

　有料老人ホームへ入居し生活をするための費用には、入居する前に支払う入居一時金等と月々の支払である月額費用がかかるのが一般的です。ただし、有料老人ホームは民間事業者による運営だけに、入居一時金・月額費用のいずれも、施設によって値段が大きく異なることが特徴です。また、介護サービスをホームが提供する介護付き有料老人ホームは、特定施設としての基準を満たすため住宅型有料老人ホームよりも費用がやや高額になります。

　たとえば入居時の費用については、介護型なら入居一時金なしをはじめ、安い施設では30〜50万円のところもあれば、自立型の高い施設では1億円以上というところもあります。月額費用についても、15万円程度から100万円以上までさまざまです。

●入居一時金は前払い家賃

　自立型の有料老人ホームでは、一般的に入居一時金が必要です。介護型の場合は、最近では月払い方式が増えています。その場合、入居一時金を支払うタイプに比べると、月額費用が割高となるケースもあります。

　入居一時金は、入居期間を想定した前払い家賃であり、想定入居期間を償却期間とします。このため、何らかの事情で償却期間の間に退去した場合は、未償却分が返還されます。これについては、初期償却（契約時に一定額を償却する）が有る施設とない施設があり、初期償却の割合は、15〜30％となっています。

●人員体制が充実した施設は費用も高い

　有料老人ホームの月額費用は、主に居住費、管理費、食費、介護サー

ビス費（介護付きのみ）、その他の雑費に分類することができます。家賃相当額は、居室の広さや設備によって異なり、管理費は共用部の維持管理をはじめ、生活支援サービスの費用が含まれているので、内容によって料金はさまざまです。当然ながら、広くしつらえが充実しているほど高額となります。

介護型ホームの費用差は、配置されている専門職の数によって大きな格差となっています。入居者数に対する職員数が多いほど手厚いサービスが提供されるので、費用の差はサービスレベルの差となっています。

介護サービス費については、介護付き有料老人ホームは月額費用に含まれ、介護区分ごとの限度額の自己負担分が必要になります。住宅型では、利用した外部の介護事業所に利用分に応じた自己負担分を支払います。

介護付き有料老人ホーム（要介護型）の月額費用例
（要介護3・30日の場合）

（入居一時金 350 万円）

家賃相当額	90,000 円
管理費	50,000 円
食費	60,000 円
介護サービス費(基本額、1 割負担)	20,220 円
雑費（介護消耗品費など）	10,000 円
月額費用の合計	230,220 円

介護付き・住宅型有料老人ホーム（自立型）の月額費用例
（自立・30日の場合）

（入居一時金 4,000 万円）

管理費	130,000 円
食費	70,000 円
月額費用の合計	200,000 円

サービス付き高齢者向け住宅でかかる費用

> サービス付き高齢者向け住宅は、比較的安価な敷金のみで入居でき、月額の費用は部屋の広さや設備などで異なります。

●入居時に高額な費用がかからない

サービス付き高齢者向け住宅の費用は、多くが月払い方式で、入居時に家賃の3～6カ月程度の敷金を支払い、経費は毎月支払う形です。広い共用部や居室を備えた高額な物件の場合は、入居時に一定期間の家賃を前払いする前払い方式のケースもあります。この場合は有料老人ホームと同様に、前払期間で償却し、途中退去の場合は未償却分が返還されます。

●要介護者向けは別途介護サービス費が必要となる

月額費用としては、月払いの場合、家賃と共益費がかかります。加えてサービス付き高齢者向け住宅では、生活相談サービスや安否確認などを提供しており、その費用として生活支援サービス費を支払います。これに加えて要介護者向けの場合は食事を提供しているので食費が加わります。住宅に支払う月額費用の合計は、15～30万円ほどが平均的です。さらに、併設や外部の介護保険サービスを利用するので、利用した分の自己負担分が別途必要となります。

●要介護者向けは食事を提供することが前提

月額費用の中でも、食費については要介護者向けと自立者向けでは異なることも。要介護者向けのサービス付き高齢者向け住宅では自炊できない人が入居対象となるので、居室にキッチンがなく食事を提供することが前提となっているため、月額費用に食費が必ず加わります。これに対して自立者向けでは、自立していて自炊する人もいることから、月額費用に食費を含めないケースもあります。自炊をせず、施設が提供した食事を食べた場合は、その分の料金が発生します。

要介護者向けサービス付き高齢者向け住宅の月額費用例
（30日の場合）

（敷金 21 万円）

家賃	70,000 円
共益費	20,000 円
サービス提供費	30,000 円
食費	52,500 円
雑費（介護消耗品費など）	10,000 円
月額費用の合計	182,500 円

※ 18㎡、トイレ・洗面付き
※ 介護サービス費は別途必要

自立者向けサービス付き高齢者向け住宅の月額費用例
（30日の場合）

（敷金 30 万円）

家賃	100,000 円
共益費	30,000 円
サービス提供費	30,000 円
食費	52,500 円
月額費用の合計	212,500 円

ケアハウスでかかる費用

ケアハウスは、社会福祉法人や地方自治体などが運営する福祉施設のため、有料老人ホームやサ高住に比べると、比較的費用負担が軽くなっています。

●保証金または権利を得るための初期費用

　ケアハウスの費用は、初期費用と月額費用に大別できます。一般型のケアハウスの場合、初期費用は保証金として0〜数十万円がかかり、10〜30万円となるのが一般的です。一方で介護型のケアハウスの場合、初期費用はその施設を利用するための権利を取得するための入居一時金ということで、数十万〜数百万円がかかります。このため介護型ケアハウスの入居一時金は、各施設によって償却期間と償却率が定められており、一定期間中に何らかの事情で施設を退去したときには、入居者やその家族が返還金を受け取ることができます。

●月額費用は所得等に応じて減額措置もある

　月額費用は、一般型の場合は居住費、食費、サービス提供費（事務費など）、その他の雑費がかかります。これに対して介護型のケアハウスは、介護保険制度における特定施設入居者生活介護の指定を受けており、施設が介護サービスを提供していることから、居住費、食費、ケアハウスサービス費に加えて、介護サービス費を支払います。月額費用の目安は、一般型で6〜17万円、介護型では6〜20万円程度となります。

　月額費用の中のサービス提供費は、入居者や扶養義務のある家族世帯の年収による階層区分で費用が設定されています。このため、年収が少なかったり、生活保護の対象である場合は、費用は低く設定されます。また、介護サービス費の自己負担分が一定以上の場合、高額介護サービス費などの補助金が自治体から支給されます。

●一般型ケアハウスで介護サービスを受ける場合

　ケアハウスでは、介護保険における特定施設である介護型ではない一般型の施設に入居していても、軽度までなら介護サービスを受けて生活することができます。その場合、入居者が個別に外部の介護サービス事業者と契約をして介護サービスを受ける形となるので、その費用は施設の月額費用に含まれず、直接外部の介護事業者に支払います。

一般型ケアハウスの月額費用例
（自立・費用補助なし・30日の場合）

（入居一時金 30 万円）

居住費	40,000 円
食費	50,000 円
サービス提供費	45,000 円
雑費	2,000 円
月額費用の合計	137,000 円

介護型ケアハウスの月額費用例
（要介護3・費用補助なし・30日の場合）

（入居一時金 300 万円）

食費	50,000 円
介護サービス費(基本額、1割負担)	20,220 円
サービス提供費	45,000 円
雑費 （介護消耗品費など）	12,000 円
月額費用の合計	127,220 円

シルバーハウジング・シニア向け分譲マンションでかかる費用

公的な住まいの形であるシルバーハウジング、住宅商品であるシニア向け分譲マンションなどは、介護サービスは一般住宅と同様の居宅サービスを利用します。

●シルバーハウジングに必要な敷金と月額費用

シルバーハウジングの費用は、初期費用としての敷金と月額費用が必要となります。通常の賃貸住宅と同様に、敷金は家賃の2～3カ月分なのが一般的です。一方で、賃貸住宅の入居の際に必要な、いわゆる「礼金」は必要ありません。月額費用は、家賃に加えて共営費や管理費などが必要になります。これらを合わせた月額費用の合計は、利用者の年収などによって1万円から10万円程度まで、地域や施設によって幅があることも特徴です。

●月額の管理費なども必要なシニア向け分譲マンション

シニア向け分譲マンションは、元気な高齢者の生活に配慮した設備やサービスを有しますが、本質的には一般的な分譲マンションと同じ住まいです。このため入居するために必要な費用としては、初期費用としての購入費（数千万～数億円）に加え、月額費用として管理費や修繕積立金などが必要となります。また、レストランを利用すると食事代が必要になります。

シルバーハウジングの月額費用例
（30日の場合）

（敷金 15 万円）	
家賃	50,000 円
共益費	5,000 円
月額費用の合計	55,000 円

シニア向け分譲マンションの月額費用例
（30日の場合）

（購入費 4,000 万円）	
居住費（管理費など）	75,000 円
食費	55,000 円
その他（修繕積立金など）	40,000 円
月額費用の合計	170,000 円

グループホームでかかる費用

> グループホーム入居の費用としては、初期費用である入居一時金と、月々に支払う居住費、食費、介護費用などが必要です。

●グループホームの月額費用には介護サービス費が含まれる

　グループホームへ入居するためには、初期費用として多くは30〜50万円を支払い、月額費用はおよそ15〜20万円前後かかります。グループホームでの月額費用には、家賃・管理費に加えて、食費やその他の費用、そして介護サービス費が加わります。介護サービス費は、介護保険利用で、介護度ごとの限度額の1〜3割を支払います。

グループホームの月額費用例
（要介護3・30日の場合）

（入居一時金 30 万円）

家賃分	70,000 円
管理費	25,000 円
食費	45,000 円
介護サービス費（基本額、1割負担）	24,690 円
雑費（介護消耗品費など）	15,000 円
月額費用の合計	179,690 円

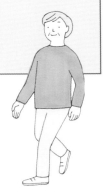

必要な費用を計算する

要介護者向け・公共タイプの特別養護老人ホームから自立者向け・民間タイプのシニア向け分譲マンションまで、それぞれの施設の費用例を一覧で比較してみましょう。

●ポイントは月額費用に含まれる内容

　各施設の月額費用で注意したいのが、その施設や住まいの月額費用に、食費や水道光熱費、介護サービス費等が含まれているかということです。たとえば要介護者向け・公共タイプの施設である特別養護老人ホームや介護医療院では、月額料金に食事や介護サービス費が含まれています。一方で、シルバーハウジングなど食事や介護に関するサービス提供が基本的にないところは、月額費用に食費や介護サービス費が含まれていません。介護保険施設や特定施設以外の住宅で、外部の事業者と個別に契約して介護サービスを受ける場合には、その費用も必要になります。水道光熱費などについても同様で、シルバーハウジングやシニア向け分譲マンションをはじめ、有料老人ホームやサ高住でも管理費に含まれていない場合は利用分の費用負担が生じます。

　さらに介護保険施設以外では、オムツ代などの介護消耗品費も別途必要となります。また、高齢者施設・住宅に入居した場合の月々の経費としては、施設や住宅に支払う費用以外に、医療費をはじめ、通信費、交際費、被服費、小遣い、その他生活雑費といった費用も別に考えておかなければなりません。本人状況や生活のしかたによって必要金額は異なりますので、具体的な生活を描いて必要な金額を算出しましょう。

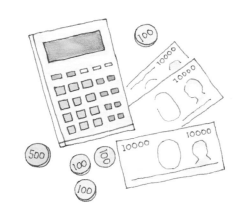

■高齢者施設でかかる費用例…各種施設の金額は一例です

特別養護老人ホーム
（要介護度3・利用者負担第4段階（住民税課税世帯）の場合）

初期費用

入居一時金	0 円

月額費用

居住費（ユニット型個室）	60,180 円
食費	43,350 円
介護サービス費	23,790 円
日常生活費	10,000 円
月額費用の合計	137,320 円

介護医療院
（要介護度3・利用者負担第4段階（住民税課税世帯）の場合）

初期費用

入居一時金	0 円

月額費用

居住費（ユニット型個室）	60,180 円
食費	43,350 円
介護サービス費	35,640 円
雑費	10,000 円
月額費用の合計	149,170 円

※介護サービス費は、Ⅰ型療養機能強化型A相当

介護付き有料老人ホーム（要介護型）
（要介護度3の場合）

初期費用

入居一時金	350 万円

月額費用

家賃相当費	90,000 円
管理費	50,000 円
食費	60,000 円
介護サービス費（基本額、1割負担）	20,220 円
雑費	10,000 円
月額費用の合計	230,220 円

住宅型有料老人ホーム（要介護型）

初期費用

入居一時金	350 万円

月額費用

家賃相当費	68,000 円
管理費	40,000 円
食費	60,,000 円
雑費	10,000 円
月額費用の合計	178,000 円

※介護サービス費は別途必要

要介護者向け
サービス付き高齢者向け住宅

初期費用

敷金	21万円

月額費用

家賃	70,000円
共益費	20,000円
サービス提供費	30,000円
食費	52,500円
雑費	10,000円
月額費用の合計	182,500円

※介護サービス費は別途必要

グループホーム
（要介護度3の場合）

初期費用

入居一時金	30万円

月額費用

家賃分	70,000円
管理費	25,000円
食費	45,000円
介護サービス費	24,180円
雑費	15,000円
月額費用の合計	179,180円

介護型ケアハウス
（要介護度3の場合）

初期費用

入居一時金	300万円

月額費用

食費	50,000円
介護サービス費 （基本額、1割負担）	20,220円
サービス提供費	45,000円
雑費	12,000円
月額費用の合計	127,220円

一般型ケアハウス

初期費用

入居一時金	30万円

月額費用

居住費	40,000円
食費	50,000円
サービス提供費	45,000円
雑費	20,000円
月額費用の合計	155,000円

自立者向け
サービス付き高齢者向け住宅

初期費用

敷金	30万円

月額費用

家賃	100,000円
共益費	30,000円
サービス提供費	30,000円
食費	52,500円
月額費用の合計	212,500円

シルバーハウジング

初期費用

敷金	15万円

月額費用

家賃	50,000円
共益費	5,000円
月額費用の合計	55,000円

シニア向け分譲マンション

初期費用

購入費	4,000万円

月額費用

居住費（管理費など）	75,000円
食費	55,000円
その他（修繕積立金など）	40,000円
月額費用の合計	170,000円

介護付き・住宅型有料老人ホーム
（自立型）

初期費用

入居一時金	4,000万円

月額費用

管理費	130,000円
食費	70,000円
月額費用の合計	200,000円

※各種金額は、一般的な目安です

入居資金が足りない場合は？

入居資金は本人の収入や預貯金等でまかなうのが一般的ですが、資金が足りない場合は、自宅を活用したり親族からの資金援助や金融機関などからの融資も検討しましょう。

●親族からの資金援助は、取り決めを明確に

　高齢者施設への入居に当たっては、本人の年金や預貯金、不動産収入、資産の売却益などを費用に充てるのが一般的です。しかしそれだけでは資金が足りない場合は、家族や親族などからの資金援助も検討しなければなりません。

　しかし、入居や住み替えを考えている高齢者の子どもには、彼ら自身の住宅ローンや孫のための養育費・教育費用なども必要であり、そこに高齢の親の入居資金や生活資金の援助が加わるのは、大きな負担です。

　こうした点を念頭に置いた上で、どうしても資金が足りずに家族や親族の資金援助が必要な場合は、その金額や範囲などについて、しっかりと合意をし、明確な取り決めをしておくことが重要です。

●資金援助が必要な額を正確に割り出す

　まずは、本人たちが入居を希望する施設に係る費用（初期費用＋月額費用）について詳細な金額を割り出し、それに対して本人たちの年金や所有する資産額では、どれくらいの金額が足りないのかを明確にする必要があります。その上で、たとえば入居一時金に充てる資金を援助してもらうのか、あるいは入居後の月額費用や生活費を援助してほしいのかなどをはっきりとさせておきます。

●金融機関や国の貸し付け制度も検討

　介護が必要な親の住み替えのための資金が足りないという場合、金融機関の介護ローンや福祉ローンを利用するという方法もあります。金融機関の介護・福祉ローンでは、使い道として介護施設の入居一時金や入居に関わる費用を挙げているものも少なくありません。

●自宅を売却して資金にあてる

持ち家がある人なら、それを売却して資金にあてるのが一般的な方法です。この場合は、およその相場の金額ではなく、確実に活用できる金額を知るために、専門の不動産業者に依頼して査定をしてもらいましょう。建てるときに高額な費用をかけたとしても、築20年以上になると上物には値段がつかず、土地代のみとなるケースもあるので、注意が必要です。

また、売却後の引越し時期と高齢者施設への入居時期の調整も、重要なポイントとなります。入居時期より早く引き渡さなければならないと、一度仮住まいへ転居してから、もう一度入居する施設に引越すことになり、お金も労力もかさんでしまいます。高齢期の住み替えを効率良く進めるには、先に入居先を確保しておくことも考えましょう。

●自宅を売却せずに担保にして融資を受ける

持ち家がある人が、高齢者施設への住み替えに当たって自宅を売らずに資金が得られるリバースモーゲージという制度を利用するのも、ひとつの方法です。これは、マイホームを担保にして資金を借り入れし、毎月一定額の融資を受けるというシステムです。低所得者向けには、国の生活福祉資金貸付制度の中で、「不動産担保型生活資金」として制度化されています。また、民間の金融機関でも資産価値の高い持ち家を対象にしたリバースモーゲージによる融資を取り扱っている銀行が増えています。

リバースモーゲージの特徴は、契約者が生きているうちは利息だけの返済で良く、元金については契約者が亡くなった後でマイホームを売却し元金を返済するという点にあります。これにより、一般のローンに比べ融資を受けた額に対して月々の返済の負担が軽く済みます。ただし、借入期間が長期になると、多額の利子を支払うことになるので注意が必要です。

●リバースモーゲージは原則戸建てが対象

　リバースモーゲージを利用するには、一定の年齢の人で、マイホームが自分の名義であるなど、さまざまな条件があります。また、これは土地に対する融資となるので、原則的に戸建て住宅が対象になります。ただし、一部の金融機関では、条件付きでマンションを対象にしている場合もあります。

　なお、リバースモーゲージでは、契約の終了時（契約者の死亡時）には、借入残高を一括返済しなければなりません。その際、担保物件には抵当権が設定されていますので、その物件に契約者の家族が住んでいる場合は、契約者が亡くなった後、住む場所を失うことになります。また、その物件の価値が下落し、借入額に届かない場合は、原則として相続人が不足分を支払わなければなりません。このため、マイホームの相続権のある子どもに対して、事前に制度の仕組みを説明し、同意を得た上で利用する必要があります。

●家屋を転賃するマイホーム借り上げ制度

　マイホームに同居する家族などがいない場合は、家屋を手放すことなく収入源として活用する方法として、マイホーム借り上げ制度があります。これは、一般社団法人 移住・住みかえ支援機構（JTI）が、50歳以上の人を対象に家主に代わって家屋を転賃するシステムで、戸建てはもちろん、マンションやテラスハウスなども対象となります。ただし、耐震基準に満たない場合はリフォームが必要となり、借り上げ賃料は家賃相場の8割程度となっています。

リバースモーゲージの仕組み

担保物件

金融機関

担保
物件を担保にする

融資
物件評価額に応じて資金を貸出

利子
生存中は毎月利子を支払い

元金返済
債務者死亡後、物件を売却して返済

マイホーム借り上げ制度の仕組み

**マイホームを
貸したい人**

制度利用者

移住・住みかえ支援機構

JTI

**賃貸物件を
借りたい人**

子育て世代など

借家契約 → JTI ← 定期借地契約

賃料収入 ← JTI ← 賃料支払い

空き家
保証 ↑

準備金
積立 ↓

内部準備金

万が一の
場合の保証 ↑

高齢者住宅財団の基金

- 公的制度に基づく安定した家賃収入
- 入居者との契約終了時に解約可能
- 土地・建物は子どもに相続

- 良質な借家の循環
- 敷金なし、壁紙など自ら一定の改修可
- 入居を継続したい場合は優先して再契約

高齢者の生活に欠かせない 介護保険制度を知る

介護保険とは？

> 高齢者の住まい選びには、介護保険に関する知識が欠かせません。ニーズに合った施設選びのためにも、介護保険の基礎知識をおさらいしておきましょう。

●お年寄りの自立支援を理念とした介護保険制度

介護保険とは、高齢者の介護を社会全体で支え合う仕組みとして、2000年からスタートした社会保険制度です。この制度では、お年寄りの「自立支援」と、利用者の選択で保健医療サービスと福祉サービスが総合的に利用できる「利用者本位」の2つを大きな理念とし、給付と負担の関係が明確な「社会保険方式」を採用することで成り立っています。

●介護保険の保険者と被保険者

介護保険では、その仕組みを運営する組織を「保険者」と呼びます。制度に関する法律や仕組み、運営の基本的な規定は国（厚生労働省）が定めますが、実際の運営は保険者である市区町村が行います。保険者は、財源に責任を持ち、制度に加入する「被保険者」の資格を管理し、保険料を決定、被保険者が介護保険のサービスを受けるために必要な「要介護認定」の業務も担っています。

●40歳以上のすべての人が被保険者

介護保険制度は国が定める社会保障制度のひとつであり、日本の在留資格を持ち住民登録をしている40歳以上の人は、基本的にすべて被保険者として強制加入が義務付けられています。被保険者は、保険者である市区町村に介護保険料を納める一方で、要介護認定を受ければ必要に応じて利用を申し込み、指定を受けた介護サービス事業者から介護サービ

スを受けることができます。その際に被保険者は、サービス利用料の一部（1〜3割）を自己負担します。

介護保険制度の仕組み

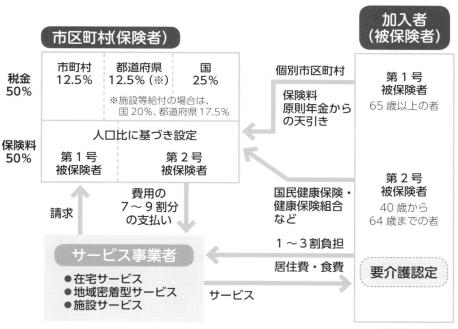

市区町村(保険者)			
税金 50%	市町村 12.5%	都道府県 12.5%（※）	国 25%
		※施設等給付の場合は、国20%、都道府県17.5%	

人口比に基づき設定

| 保険料 50% | 第1号 被保険者 | 第2号 被保険者 |

加入者（被保険者）

個別市区町村

保険料 原則年金からの天引き

第1号 被保険者 65歳以上の者

国民健康保険・健康保険組合など

第2号 被保険者 40歳から64歳までの者

サービス事業者
- 在宅サービス
- 地域密着型サービス
- 施設サービス

請求

費用の7〜9割分の支払い

1〜3割負担

居住費・食費

サービス

要介護認定

【出典】厚生労働省

●介護保険における保険料の支払い

　介護保険の被保険者は、65歳以上の「第１号被保険者」と、40 〜 64歳までの人が該当する「第２号被保険者」に分かれます。保険料の支払い方は被保険者ごとに異なり、第２号被保険者については、医療保険料と一緒に徴収されます。ですから、会社員や公務員は給与から天引きされ、自営業者では国民健康保険料に介護保険料を上乗せして支払います。第１号被保険者の保険料については、所得や課税状況によって10段階に分けられ、主に年金から徴収されます。なお、年金受給額が年間18万円に満たない場合は、市区町村の請求に従い、自分で介護保険料を支払います。

●第１号と第２号で異なる、介護サービスの受給要件

　介護保険の被保険者は、受給要件を満たせば、介護保険で定める介護サービスを利用することができます。第１号被保険者の受給要件は、日常生活に介護サービスの支援が必要な「要支援状態」や「要介護状態」であることです。その人が、要支援あるいは要介護であるかどうかの認定は、保険者である市区町村が行います。

　一方で第２号被保険者の受給要件については、末期がんや関節リウマチなど、加齢に起因する16種類の疾病（特定疾患）による要支援や要介護状態のみに限定されています。

●高齢者の住まい選びに欠かせない、介護保険の知識

　高齢者が生活をする施設と介護保険は、密接な関係にあります。たとえば、特別養護老人ホームや介護療養型医療施設、介護医療院などは、いずれも介護保険制度で定められた介護保険施設です。また民間型の施設でも、介護付き有料老人ホームは、介護保険制度に定められた特定施設入居者生活介護を提供する「特定施設」であることから、施設の運営事業者が介護サービスを提供することが認められています。

　さらに、住宅型有料老人ホームやサービス付き高齢者向け住宅、シルバーハウジング、シニア向け分譲マンションなど、介護サービスを提供していない施設や住まいで暮らす場合でも、介護サービスを利用するに

は、居住者が個別に外部や併設の介護事業者と契約をし、介護サービスを利用することとなりますので、やはり介護保険制度を利用することになります。

　介護保険制度を良く理解することで、より自分たちのニーズに合った、賢い高齢者施設・住宅選びができるといえるでしょう。

介護保険制度の被保険者

	第1号被保険者	第2号被保険者
対象者	65歳以上	40歳から64歳までの医療保険加入者
人数	3,579万人	4,190万人
受給要件	●要介護状態（寝たきり、認知症などで介護が必要な状態） ●要支援状態（日常生活に支援が必要な状態）	要介護、要支援状態が、末期がん、関節リウマチなどの加齢に起因する疾病（特定疾病）による場合に限定
要介護（要支援）認定数と被保険者に占める割合	669万人（18.7%）	13万人（0.3%）
保険料負担	市区町村が徴収（原則、年金から天引き）	医療保険者が医療保険と保険料を一括徴収

【出典】厚生労働省
※ 第1号被保険者及び要介護（要支援）認定者の数は、「介護保険事業状況報告（令和3年3月月報）」によるものであり、令和2年度末現在の数。 第2号被保険者の数は、社会保険診療報酬支払基金が介護給付費納付金額を確定するための医療保険者からの報告によるものであり、令和2年度内の月平均値。

利用するには？

介護保険を利用するには、事前の申請が必要です。まだ必要ないと思っていても、健康維持や自立支援のサービスが受けられることもあります。

●医療保険とは異なり、事前の申請が必要

診療所や病院で診察や治療を受けるための医療保険制度では、保険料を支払い保険証を持っていれば、誰でも、いつでも、どこでも医療保険を使って医療機関の診療を受けることができます。

一方で介護保険による介護サービスを利用するためには、介護保険へ加入していることだけでなく、事前に申請をして要介護認定を受けておかなければなりません。

また、末期のがんや難病など、国が定める特定の病気にかかっている場合を除いては、65歳以上でないと、介護保険のサービスは利用できません。

●介護サービスの必要性を審査する要介護認定

65歳になると、介護保険被保険者証（介護保険証）が交付され、市区町村から送られてきます。しかし、これがあるだけでは、介護保険のサービスは利用できません。介護保険のサービスを利用する場合、まずは介護サービスが必要かどうかを判断する審査である「要介護認定」を受ける必要があります。なお、これらの申請や審査などの手続きには、費用はかかりません。

●ケアマネジャーがケアプランを作る

申請から要介護認定の結果が出るまでは、30日ほどの時間がかかります。さらに、実際の介護サービス利用に当たっては、要介護認定の後に、ケアマネジャーによるケアプランの作成や、サービスを提供する事業者との契約などが必要になることも、医療保険による受診行為との大きな違いです。

みんなが使える介護サービス

総合事業

- **地域支援事業**
  - ・介護予防のための事業
  - ・介護をする人を支援する事業
- **地域ごとの独自の取り組み**
  - ・配食
  - ・見守り など

要介護認定

元気な人 ← → 介護が必要な人

65歳以上のお年寄り

介護保険サービス

- **居宅サービス**
  - ・訪問介護
  - ・訪問看護
  - ・通所介護 など
- **施設サービス**
  - ・特別養護老人ホーム
  - ・老人保健施設 など
- **そのほかのサービス**
  - ・小規模多機能型居宅介護 など

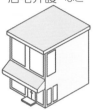

介護保険の利用を申請するメリットは？

1	申請と要介護認定は無料でできる
2	申請して要介護や要支援の認定を得ると、介護保険のサービスを受けることができる
3	介護保険で認められたサービスが、自己負担1割～3割で利用できる
4	寝たきりや身体が不自由という状態でなくても、さまざまな介護サービスを受けることができる
5	介護予防サービスを活用することで、体力・能力を維持して自宅での生活を続けやすくなる

利用するまでの流れ

介護保険による介護サービスを利用するには、窓口への申請から始まり、訪問調査、要介護認定、ケアプランの作成といった手続きが必要となります。

●市区町村または地域包括支援センターの窓口で申請

　介護保険の利用は自己申請ですので、本人か家族が市区町村や最寄りにある地域包括支援センターの窓口で事前に申請をする必要があります。その際、65歳以上の第1号被保険者は、介護保険証と申請書を合わせて提出します。なお地域包括支援センターは、日本全国の市区町村に必ず設置されています。原則として「日常生活圏域」ごとに1カ所、およそ中学校の学区にひとつの割合が目安です。40〜64歳までの第2号被保険者には介護保険証の送付はないので、申請書のみを提出します。

●訪問調査と主治医意見書

　申請が受理されると、市区町村の調査員が自宅や入院先などを訪れ、訪問調査を行います。調査項目は「心身機能・起居動作」「生活機能」「認知機能」「精神・行動障害」「社会生活への適応」など全74項目で、本人（利用者）や家族の状態や介護の必要性を確認します。同時に、「主治医意見書」が必要になるため、市区町村が利用者の主治医に意見書の作成を依頼します。意見書を作成する主治医は申請者が選ぶほか、特定の主治医がいない場合は市区町村指定の医師の診察を受けます。

●要介護認定を受けてケアプランを作成

　訪問調査の結果と主治医の意見書をもとに要介護認定が行われ、市区町村が認定結果を決定します。結果は「非該当」「要支援1・2」「要介護1〜5」の8種があり、それぞれ利用できるサービスが限られます。要支援の場合はその後、地域包括支援センターのケアマネジャーに、要介護の場合は居宅介護支援事業所のケアマネジャーにケアプランを作成してもらい、利用する介護事業者と契約してサービスの提供を受けます。

介護サービスを利用する際の手続き

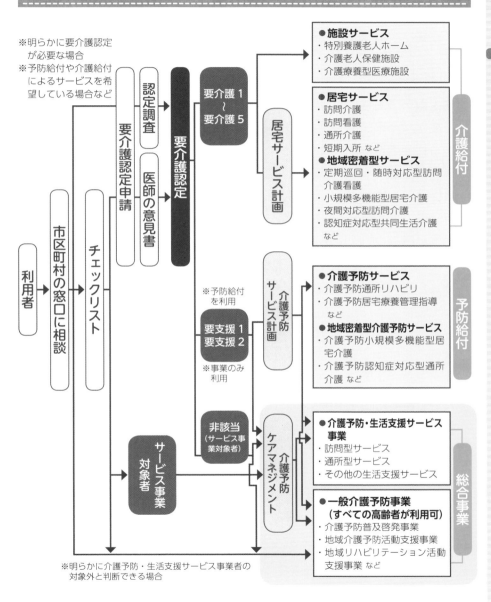

※明らかに要介護認定が必要な場合
※予防給付や介護給付によるサービスを希望している場合など

利用者 → 市区町村の窓口に相談

チェックリスト

要介護認定申請

認定調査 / 医師の意見書

要介護認定

要介護1〜要介護5 → 居宅サービス計画
- ●施設サービス
  - ・特別養護老人ホーム
  - ・介護老人保健施設
  - ・介護療養型医療施設
- ●居宅サービス
  - ・訪問介護
  - ・訪問看護
  - ・通所介護
  - ・短期入所 など
- ●地域密着型サービス
  - ・定期巡回・随時対応型訪問介護看護
  - ・小規模多機能型居宅介護
  - ・夜間対応型訪問介護
  - ・認知症対応型共同生活介護 など

（介護給付）

※予防給付を利用

要支援1 / 要支援2 → 介護予防サービス計画
- ●介護予防サービス
  - ・介護予防通所リハビリ
  - ・介護予防居宅療養管理指導 など
- ●地域密着型介護予防サービス
  - ・介護予防小規模多機能型居宅介護
  - ・介護予防認知症対応型通所介護 など

（予防給付）

※事業のみ利用

非該当（サービス事業対象者）

サービス事業対象者

介護予防ケアマネジメント
- ●介護予防・生活支援サービス事業
  - ・訪問型サービス
  - ・通所型サービス
  - ・その他の生活支援サービス
- ●一般介護予防事業（すべての高齢者が利用可）
  - ・介護予防普及啓発事業
  - ・地域介護予防活動支援事業
  - ・地域リハビリテーション活動支援事業 など

（総合事業）

※明らかに介護予防・生活支援サービス事業者の対象外と判断できる場合

利用するまでの流れ

【出典】厚生労働省

申請手続きのポイント

申請手続きは本人が行うのが原則ですが、家族や専門職でも代理できます。
申請には主治医に関する情報も必要なので、事前に確認しておきましょう。

●本人以外でも申請は可能

　介護保険の申請手続きは、サービスを利用する本人（利用者）が直接、市区町村や地域包括支援センターの窓口で行うことが原則です。しかし、本人が何らかの事情で窓口に出向けない場合には、代理人として利用者の家族や親族のほか、ケアマネジャー、成年後見人、地域包括支援センターの相談員、民生委員などが申請できます。

●申請に必要な「要支援・要介護認定申請書」

　申請には、「要支援・要介護認定申請書」など所定の申請書、介護保険証（介護保険被保険者証）、認印が必要となります。なお認印については、地域によっては必要ない場合もありますので、事前に確認をしておくと良いでしょう。また、介護保険証を紛失してしまった場合は、市区町村の担当部署で再交付が受けられます。所定の申請書は、市区町村や地域包括支援センターの窓口でもらえるほか、ホームページから申請書を入手できる地域もあります。

●主治医に関する情報も必要

　申請書には、利用者の主治医に関する情報も記入します。このため、主治医のいる医療機関の名称、所在地、電話番号のほか、主治医の氏名についても事前に確認しておきましょう。なお「主治医」とは、その人の治療にかかわる医師の中でも、中心的存在となる医師のことで、一般的には普段から診察を受けている「かかりつけ医」をいいます。介護保険制度では申請手続きはもとより、介護サービスの利用においても、主治医の存在が欠かせません。このため、かかりつけ医には「介護保険の主治医をお願いしたい」と、あらかじめ伝えておきましょう。

申請手続きのポイント

介護認定を受けたい人は、この部分に氏名、生年月日、住所、電話番号、申請理由などを記入。住所は住民登録のある住所を記入

介護認定を受けたい人が、住民登録をしている場所とは異なるところに住んでいる場合は、この部分に記入

介護保険被保険証に書いてある番号を記入

第2号被保険者（40歳〜64歳）は、この部分に記入

提出する人と介護認定を受けたい人が異なる場合は、この部分も記入

主治医（かかりつけ医）や日頃からよく通っている医療機関の住所などを記入

別記第21号様式（第11条関係）

申請年月日	年 月 日

介護保険　要介護・要支援認定等申請書

豊島区長　様

次のとおり申請します

申請区分	□ 1．新規　□ 3．更新　□ 4．区分変更	（要支援⇔要支援の変更）（要支援⇔要介護の変更）
	□ 2．新規（要支援⇒要介護への**変更**）	（要介護⇔要介護の変更）

被保険者番号	○○○○○○○○○○	個人番号	
フリガナ	カイ　ゴ　　タ　ロウ	生年月日	明治・大正・昭和 13年 7月 23日
氏　名	介　護　太　郎	性　別	男・女（　歳）
住　所（住民票上）	〒 124 - 0012　○○区○○×-×-×	（電話番号）6607 - ×××	

被 保 険 者	現在の本人のいる場所	※ 病院・施設等の名称　○　○　病　院		
		※ 病院・施設等の所在地　（電話番号）5698 - ××××		
	入院・入所　年 月 日 〜 退院・退所　年 月 日頃・未定			
	現在の認定内容	要 介 護 度　要支援（ 1・2 ）要介護（ 1・2・3・4・5 ）		
		有 効 期 間　年 月 日 〜 年 月 日		

※14日以内に他自治体から転入した者は記入してください。

	現在、転出元自治体に要介護・要支援認定を申請中ですか。（既に認定結果通知を受け取っている場合は「いいえ」を選択してください）	はい　・　いいえ	
	転出元自治体（市町村）名	「はい」の場合、申請日　年 月 日	

変更申請の理由 ※申請区分2または4の場合のみ記入	□ 前回認定時より著しく悪化　□ 前回認定時より著しく改善　□ その他	
	具体的に記入（いつからどのように身体状態・認知症状が変わったか、それに伴う介護の手間など）	

※40歳から64歳の方は、必ず特定疾病名を記入し、医療保険の被保険者証（写）を添付して申請してください

特定疾病名	※該当するか主治医に確認済みであること	
医療保険者名		医療保険被保険者証記号番号

意見書作成医師	医師の氏名		医療機関名	
		（　　　　科）	最終受診日　年 月 （ 日 頃）	
	所 在 地	〒	（電話番号）	

申請代行者	被保険者との関係	1．家族 続柄（　　　）　2．居宅介護支援事業者　3．地域包括支援センター	
		4．介護老人福祉施設　5．介護老人保健施設　6．その他（　　　）	
	フリガナ氏名・名称		印　※家族の場合、押印不要
	住 所	〒	（電話番号）（携帯電話）

※認定結果通知書は、原則として住民票上の住所地に郵送しますが、郵送先を上記申請代行者のご自宅あてに希望する場合は○をしてください。（その他の送付先変更の場合は、ご相談ください。）　| 希望する |

介護サービス計画の作成等介護保険事業の適切な運営のために必要があるとき、又は保険給付の制限等に該当したとき、要介護・要支援認定にかかる調査内容、介護認定審査会による判定結果・意見、及び主治医意見書、又は保険給付の制限等に係る内容を、地域包括支援センター、居宅介護支援事業者、居宅サービス事業者若しくは介護保険施設の関係人、主治医意見書を記載した医師又は認定調査等に従事した調査員に情報提供することに同意します。

本人氏名	ここに、被保険者氏名を記入してください。

《事務処理欄》記入不要→	受付	入力	調査票	意見書	備考

要支援・要介護とは？

> その人の心身の状態によって、どのくらいの介護サービスが必要なのかを示すのが介護度です。自立に加え、要支援１から要介護５まで８段階に分かれます。

●介護度は自立から要介護５までの８段階

　介護保険の要介護申請で判定される「介護度」とは、その人がどの程度の介護を必要としているのかについての目安のことです。具体的には介護の必要性の低い順から要支援１・２、要介護１〜５までの７段階に分かれており、加えて「非該当（自立）」があります。

●介護度の区分によって利用できるサービスが異なる

　「非該当」は、介護に関する支援を必要とせず、自立できていると判断される状態を指します。このため介護保険のサービスを利用することはできません。しかし、市区町村が独自に行う介護予防に関する一般介護予防事業や介護予防・生活支援サービス事業といった「総合事業」と呼ばれるサービスは、利用することが可能です。

　「要支援」とは、介護サービスを利用することはできませんが、予防的な対策が必要とされる状態です。要支援１と要支援２の２つに分かれ、介護保険に定められた介護予防サービスや地域密着型介護予防サービスなどの「予防給付」と、「総合事業」のサービスが受けられます。

●「要介護」は数字が大きいほど介護の必要性が高い

　「要介護」は、介護保険で定められているいずれかの介護サービス（介護給付）が必要と認められる状態をいいます。心身の状態によって要介護１から５までの５段階に区分され、数字が大きくなるほど介護度が重い、つまり多くの介護サービスが必要ということになります。要支援・要介護いずれの場合も、それぞれの介護度ごとに介護保険に定められたサービスが利用できる範囲が決められています。また介護度に応じて、１割〜３割負担で利用できる上限額（支給限度額）も異なります。

状態区分	各介護度の平均的な状態
要支援1	❶居室の掃除や身の回りの世話の一部に何らかの介助（見守りや手助け）が必要 ❷立ち上がりや片足で立っている状態の保持など、複雑な動作に何らかの支えが必要 ❸排せつや食事に関しては、ほとんど自分ひとりで行うことができる
要支援2	❶衣服の着用や居室の掃除など、身の回りの世話に何らかの介助（見守りや手助け）が必要 ❷立ち上がりや片足で立っている状態の保持など、複雑な動作に何らかの支えが必要 ❸歩行や移動の動作に何らかの支えが必要 ❹排せつや食事に関しては、ほとんど自分ひとりで行うことができる
要介護1	❶〜❹は、要支援2に同じ ❺問題行動や理解の低下が時々みられる
要介護2	❶衣服の着用や居室の掃除など、身の回りの世話の全般に何らかの介助（見守りや手助け）が必要 ❷立ち上がりや片足で立っている状態の保持など、複雑な動作に何らかの支えが必要 ❸歩行や移動の動作に何らかの支えが必要 ❹排せつや食事に関して、何らかの介助（見守りや手助け）が必要な場合がある ❺問題行動や理解の低下が時々みられる
要介護3	❶衣服の着用や居室の掃除など、身の回りの世話が自分ひとりではできない ❷立ち上がりや片足で立っている状態の保持など、複雑な動作が自分ひとりではできない ❸歩行や移動の動作が自分でできないことが時々ある ❹排せつが自分ひとりでできない ❺いくつかの問題行動や全般的な理解の低下が時々みられる
要介護4	❶衣服の着用や居室の掃除など、身の回りの世話が自分ではほとんどできない ❷立ち上がりや片足で立っている状態の保持など、複雑な動作が自分ひとりではできない ❸歩行や移動の動作が自分ひとりでできない ❹排せつがほとんどできない ❺多くの問題行動や全般的な理解の低下が時々みられる
要介護5	❶衣服の着用や居室の掃除など、身の回りの世話がほとんどできない ❷立ち上がりや片足で立っている状態の保持など、複雑な動作がほとんどできない ❸歩行や移動の動作がほとんどできない ❹排せつや食事が、自分ひとりではほとんどできない ❺多くの問題行動や全般的な理解の低下がみられる

介護保険で受けられるサービス

介護保険で受けられるサービスは、自宅で利用するもの、施設で利用するもの、両者に対応する地域密着型サービスの3つの種類に大別されます。

●暮らす場所で異なるサービスの種類

介護保険で利用できるサービスは、要支援・要介護者を自宅で介護することを基本としています。その上で、自宅で暮らしながら利用するものを「居宅サービス」、自宅ではなく特別養護老人ホームや介護医療院などの介護保険施設に入居することで受けるサービスを「施設サービス」と呼びます。また、お年寄りが住み慣れた地域で暮らし続けることを目的に、居宅サービス・施設サービスそれぞれに対応しているのが、「地域密着型」サービスです。

●居宅サービスには自宅以外で受けるものもある

居宅サービスは、ヘルパーや看護師が自宅に来て介護や看護を行う、訪問介護や訪問看護のイメージが強いかもしれません。しかし、居宅サービスには、通所介護や通所リハビリテーションなど、利用者が施設などの決められた場所に通うことで受けるサービスも含まれています。あるいは、介護をする人に心身を休めてもらうこと（レスパイトケア）を目的に、介護が必要な人を1カ月連続30日まで預かってくれる短期入所生活介護（ショートステイ）も、居宅サービスに含まれます。

一方で施設サービスは、介護保険施設である介護老人福祉施設（特別養護老人ホーム）、介護老人保健施設、介護療養型医療施設、介護医療院で暮らす人が利用する介護サービスです

●高齢者住宅で利用できる「特定施設入居者生活介護」

有料老人ホームやケアハウスなど、自宅以外で一定の基準を満たした住まい（施設）で暮らしながら受けることのできる包括的な介護サービスは、居宅サービスの中の「特定施設入居者生活介護」と呼ばれます。

居宅サービス
自宅で暮らす人が利用するサービス

施設に出向いて受けるサービス

- 通所介護
- 通所リハビリテーション
- 短期入所生活介護
- 短期入所療養介護

施設で暮らしながら受けるサービス

- 特定施設入居者生活介護

自宅で受けられるサービス

- 居宅介護支援（ケアプラン）※
- 訪問介護
- 訪問看護
- 訪問入浴介護
- 訪問リハビリテーション
- 居宅療養管理指導
- 福祉用具貸与
- 特定福祉用具販売
- 住宅改修※

※居宅介護支援と住宅改修は、厳密には居宅サービスではない"その他のサービス"になるが、自宅での介護を支えるための重要な介護サービス

地域密着型サービス
住み慣れた地域内で利用するサービス

- 夜間対応型訪問介護
- 定期巡回・随時対応型訪問介護看護
- 認知症対応型通所介護
- 小規模多機能型居宅介護
- 看護小規模多機能型居宅介護
- 認知症対応型共同生活介護
- 地域密着型特定施設入居者生活介護
- 地域密着型介護老人福祉施設入所者生活介護

施設サービス
介護保険施設で暮らす人が利用するサービス

介護保険施設

- 介護老人福祉施設
- 介護老人保健施設
- 介護療養型医療施設
- 介護医療院

●特定施設入居者生活介護とは？

　高齢者の住まい選びに関連して、よく理解しておきたい介護サービスのひとつが「特定施設入居者生活介護」です。このサービスは、介護付き有料老人ホーム、介護型のケアハウスなど、一定の基準を満たして指定を受けた施設（特定施設）に入居している人に対して提供される介護サービスです。特定施設には看護職員や介護職員など、専門職の人員基準、居室の広さや設備などの厳しい施設基準が定められており、都道府県や権限移譲された市区町村によって指定されます。

●一般型と外部サービス利用型の違い

　特定施設入居者生活介護には、サービス提供の体制によって、2つの分類があります。介護サービスを受けるための計画書であるケアプランの作成から実際の介護サービス提供まで、入居している施設が一括して提供するのが「一般型」。これに対して、ケアプランの作成や安否確認といった基本的なサービスだけを入居している施設が担い、介護サービスは外部の事業者が提供するのが「外部サービス利用型」です。

　一般型と外部サービス利用型には、それぞれメリットとデメリットがあります。一般型では、介護サービスをすべて入居している施設に任せられますが、その施設で提供している介護サービス以外のサービスを外部の事業者から受けることはできません。加えて、福祉用具貸与のサービスは介護保険の利用ができません。

　一方で外部サービス利用型では、訪問・通所系の介護サービスや福祉用具貸与も利用ができます。ただし、施設が契約しているサービス事業者以外からは、サービスを受けられませんので注意が必要です。

●特定施設でない施設でも介護サービスは受けられる？

　住宅型有料老人ホームやサービス付き高齢者向け住宅でも、介護サービスは利用できます。その場合は、個々の入居者が併設や外部の介護事業者と契約し、個々の介護プランに基づいて居宅サービスの提供を受けます。

特定施設とは？

都道府県知事（市区町村）の指定

●有料老人ホーム
●養護老人ホーム
●ケアハウス
●サービス付き高齢者向け住宅

- 職員の配置の基準
- 施設の設備の基準 など

介護保険上の特定施設

一般型特定施設とは？

入居者

生活相談・見守りなど

ケアプランの作成

介護サービスの提供

特定施設

外部サービス利用型特定施設とは？

入居者

生活相談・見守りなど

ケアプランの作成

特定施設

介護サービスの提供

介護事業者

ケアワーカー

委託契約

介護保険で利用できる施設

介護保険で利用できる施設には、特養や老健などの介護保険3施設のほか、介護医療院、介護が必要な人を短期間預かるショートステイなどもあります。

●介護保険3施設とは？

　介護保険で利用できる施設には、施設サービスに基づいてそこで暮らしながら介護サービスを受ける施設と、居宅サービスの一環として自宅で暮らしながらそこに出向いて利用する施設の2つに分けられます。

　施設サービスに基づいて、そこで暮らしながらサービスを受ける施設には、介護老人福祉施設（特別養護老人ホーム）、介護老人保健施設（老健）、介護療養型医療施設があり、これらを「介護保険3施設」と呼びます。この中で介護療養型医療施設は、2018年3月に廃止され、新しく創設された介護医療院などに移行します。

●介護保険3施設は要介護1〜5でないと入所できない

　介護保険における施設サービスは、介護保険の対象となる施設に入居し、そこで生活をしながら身体介助や生活援助などのさまざまな支援を受けるものです。このため自宅での生活を基本とした居宅サービスとは別体系のサービスとなっており、介護保険3施設と介護医療院は要介護1〜5の人のみが利用することができ、要支援の人は入居の対象にはなりません。なお、介護老人福祉施設（特別養護老人ホーム）については、2015年4月から要介護3以上となっています。

●自宅で暮らしながら通える施設

　居宅サービスに基づいて、自宅で暮らしながら介護サービスの提供を受けることのできる施設には、通所介護（デイサービス）、通所リハビリテーション、短期入所生活介護・短期入所療養介護（ショートステイ）などがあります。デイサービスや通所リハは、自宅から通って介護サービスを受ける施設であり、ショートステイは、その名の通り短期間（平

均7～10日）、介護が必要な人が宿泊し介護を受ける施設で、自宅で介護をする人の休息（レスパイト）を目的に利用されることが多いようです。また、小規模多機能型居宅介護や、看護小規模多機能型居宅介護は、デイサービスとショートステイ、訪問看護や訪問介護などを組み合わせた施設となります。

居宅サービスと施設サービスの種類

居宅サービス

＜自宅で受けられるサービス＞

- **●訪問系**
  - ・訪問介護
  - ・訪問看護
  - ・訪問入浴介護
  - ・訪問リハビリテーション
  - ・居宅療養管理指導

- **●住環境系**
  - ・福祉用具貸与
  - ・特定福祉用具販売
  - ・住宅改修

＜自宅外で暮らして受けるサービス＞

- **●居住系**
  - ・特定施設入居者生活介護
  - ・認知症対応型共同生活介護

＜施設に通って受けるサービス＞

- **●通所系**
  - ・通所介護
  - ・通所リハビリテーション

- **●短期入所系**
  - ・短期入所生活介護
  - ・短期入所療養介護

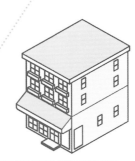

施設サービス

- **●介護保険施設**
  - ・介護老人福祉施設
  - ・介護老人保健施設
  - ・介護療養型医療施設
  - ・介護医療院

介護サービスの費用について

介護保険サービスの利用料金は、多くの場合1～3割の自己負担額ですが、全額自己負担の費用もあります。一方、費用負担を軽減する制度も用意されています。

●費用の自己負担の多くは1～3割

　介護保険のサービスを利用する場合、要介護認定で要支援または要介護と認定されれば、介護サービスの利用料金に関する自己負担額は、多くの場合1～3割となります。その場合、サービスを利用した事業者に、かかった費用の1～3割を支払えば良く、残り7～9割の費用は「保険給付」として市区町村が負担します。

　ただし、介護保険制度では、希望するサービスを無制限に利用できるわけではありません。1～3割で利用できる範囲の上限が「支給限度額」として1カ月単位で決められており、その限度額は、要介護認定で決められた要介護度によって異なります。その上で、支給限度額の上限を超えると、その分のサービスは全額が自己負担になります。

●介護保険サービスの対象にならない費用もある

　施設や住宅に入居する際に気を付けておきたいのが、自己負担が1～3割となる保険給付の対象とならないサービスや、実費負担となる費用があることです。たとえば、特別養護老人ホームや介護老人保健施設、介護医療院などでの居住費（賃料・光熱費など）や食費、特定施設やグループホームの家賃や管理費などは、いずれも全額が利用者の自己負担となります。

●現物支給と償還払い

　介護保険のサービスを利用した場合、費用の支払い方法には2つの種類があります。先に述べた、サービスを利用した事業者に、かかった費用の1～3割を支払い、残り7～9割の費用は「保険給付」として市区町村が負担するものを「現物支給（法定代理受領）」と呼びます。

一方で、次ページで解説する高額介護サービス費をはじめ、福祉用具購入費や住宅改修費といった一部のサービスについては現物支給となりません。この場合、利用者が事業者や施設にまず全額を支払い、その明細を記した領収書を市区町村に提出して、費用の7～9割を後から受け取ります。これを「償還払い」といいます。

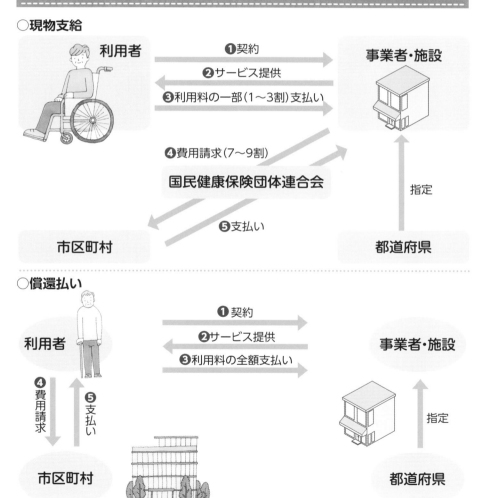

介護保険の現物支給と償還払いの違い

○現物支給

利用者

❶契約
❷サービス提供
❸利用料の一部（1～3割）支払い

事業者・施設

❹費用請求（7～9割）

国民健康保険団体連合会

❺支払い

市区町村

指定

都道府県

○償還払い

利用者

❶ 契約
❷サービス提供
❸利用料の全額支払い

事業者・施設

❹費用請求
❺支払い

市区町村

指定

都道府県

●自己負担を軽減する「高額介護サービス費」

　介護保険のサービス利用料については、利用者の自己負担を軽くするための制度も用意されています。その代表的なものが、高額介護サービス費の支給制度です。これは、介護保険のサービスを利用した際、1カ月分の合計の利用料金が一定の上限額を超えた場合、申請をすると所得や課税状況に応じて上限を超えた分の費用が高額介護サービス費として払い戻される制度です。対象となる世帯の所得に応じて月額の負担上限額を、生活保護を受給している人なら1万5,000円、現役並み所得者に相当する人がいる世帯の人の場合は4万4,400円までとしています。

●高額介護サービス費は償還払い

　高額介護サービス費支給制度で注意してほしいのは、この制度では特別養護老人ホームや介護老人保健施設などの居住費や食費、生活費などを含むことができないということです。自宅で介護サービスを受けている場合の福祉用具の購入費や住宅改修費などについても、高額介護サービス費の支給対象とはなりません。

　また、高額介護サービス費の支給は、前ページで解説した「償還払い」で行われます。つまり、まず利用者が全額を負担した上で、その請求書などを添えて申請することで、上限を超えた分の費用が返ってくるのです。このため、後で返ってくるとはいえ、一時的には全額を支払わなければなりません。

●居住費や食費を減額する補足給付

　高額介護サービス費と並ぶ費用負担軽減のための制度が、「補足給付（特定入所者介護サービス費）」です。これは介護保険の施設サービス（介護保険3施設・介護医療院）やショートステイを利用する人で、所得や預貯金の額が一定以下の人を対象に、居住費や食費の限度額を定め、費用負担を軽減するものです。補足給付を受けるには、世帯および配偶者が市区町村民税非課税・預貯金等の金額が基準額以下であり、市区町村から「介護保険負担限度額認定証」の交付を受けることが必要です。

高額介護サービス費の負担上限額（2021年8月〜）

区分	負担の上限額（月額）
課税所得 690 万円（年収約 1,160 万円）以上	140,100 円（世帯）
課税所得 380 万円（年収約 770 万円）〜 課税所得 690 万円（年収約 1,160 万円）未満	93,000 円（世帯）
住民税課税〜課税所得 380 万円（年収約 770 万円）未満	44,400 円（世帯）
世帯の全員が住民税非課税	24,600 円（世帯）
・前年の公的年金等収入金額＋その他の合計 　所得金額の合計が 80 万円以下の方 ・老齢福祉年金を受給されている方	24,600 円（世帯） 15,000 円（個人）
生活保護を受給している方等	15,000 円（世帯）

【出典】厚生労働省

特定入所者介護サービス費の利用者負担段階と負担限度額

利用者負担段階		負担限度額（日額）						
対象者		部屋代						
所　得	資　産 上段：単身 下段：夫婦	ユニット型 居室	ユニット型 個室的 多床室	従来型個室 （特養等）	従来型個室 （老健等）	多床室 （特養等）	多床室 （老健等）	食費
第 1 段階								
生活保護受給者 市民脱世帯非課税で 老齢福祉年金受給	1,000 万円以下 2,000 万円以下	820	490	320	490	0	0	300
第 2 段階								
市民税世帯非課税で 課税年金収入額と非 課税年金収入額とそ の他の合計所得金額 の合計額が 80 万円 以下	650 万円以下 1,650 万円以下	820	490	420	490	370	370	390
第 3 段階①								
市民税世帯非課税で 本人年金収入等 80 万円超 120 万円以下	550 万円以下 1,550 万円以下	1,310	1,310	820	1,310	370	370	650
第 3 段階②								
市尻税世帯非課税で 本人年金収入等 120 万円超	500 万円以下 1,500 万円以下	1,310	1,310	820	1,310	370	370	1,360
第 4 段階（基準額）								
本人または世帯に課 税対象者がいる	負担限度額の 対象外	2,006	1,668	1,171	1,668	855	377	1,445

【出典】厚生労働省

公的介護保険外のサービス

介護保険ではカバーしきれない、高齢者の多様なニーズに応えるために、自治体や民間事業者、NPOなどが提供するのが介護保険外のサービスです。

●高齢者の生活支援に関するニーズは多岐にわたる

　介護保険のサービスは、介護保険法に基づいてサービスの種類や利用基準などが定められています。しかし、高齢者が住み慣れた場所で自立した生活を続けるためには、さまざまなニーズが発生します。このため、介護保険制度には定められておらず、公的制度では提供することができないニーズに応えるのが介護保険外サービスです。

　たとえば介護保険制度では、掃除や洗濯、一般的な調理や買い物などについては、「生活援助」として提供できるサービスとしています。しかし、同居する家族がいる場合は、原則的にはこうした生活援助を利用することはできません。あるいは、ペットの世話や花木の水やり、庭の草取り、金銭の管理といったことは、介護保険のサービスでは提供することができませんが、高齢者にとっては支援が必要な日常の課題でもあります。介護保険外サービスは、こうした日常的な要望に応えるためのものとして注目されています。

●自治体や民間、NPOなど実施主体もさまざま

　介護保険外のサービスには、それを実施する主体によって、自治体が提供するもの、民間の事業者が有料で提供するもの、NPOやボランティアが有償・無償で行うものなどがあります。こうした情報は、市区町村の福祉担当窓口や地域包括支援センターなどでも得ることができます。

　公的介護保険外のサービスとしてよく見られるものに、介護タクシーを利用しての介護保険で認められた外出以外の「移送サービス」、比較的安価な値段で食事を提供する「配食サービス」、低料金での「家事代行サービス」などがあります。

介護保険で提供できるサービスとできないサービス

提供できるサービス

生活援助／洗濯、掃除、買い物、日常的な
　　　　調理、薬の授受、寝具の整理、
　　　　衣服の整理と補修
身体介護／入浴介助、排泄介助、食事介助、
　　　　衣服の着脱介助、就寝・起床介助、
　　　　通院・外出介助

提供できないサービス

- 同居する家族のための調理や洗濯、掃除や買い物などの家事援助
- 日常的ではない特別な手間をかけて行う調理
- 金銭管理、契約書等への記入の手伝い
- 趣味や散歩のための外出介助
- 犬の散歩などのペットの世話
- 花木への水やりや草むしり
- 日常的ではない大掃除、家具の修繕や移動

自治体が提供する介護保険外サービスの例

○豊島区のモデル事業で行っている主な介護保険外サービス

居宅内
- 同居家族分の家事
- ペットの世話
- 庭掃除
- 電球・蛍光灯の付け替え
- 電子機器の操作確認
- 本人と一緒に食事をする
- 宅配やネット注文のサポート
- 書類の確認や分別
- ウェブカメラやセンサーでの見守り

居宅外
- 日用品以外の買い物や、それらの買い物のための同行
- 趣味の外出への同行
- 介護給付で認められない散歩
- 友人宅などへのお見舞いの同行
- 自宅を起点としない外出先への同行
- 介護給付で認められない病院内での介助

公的介護保険外のサービス

施設を探す、その前に確認すべきこと・知っておくべきこと

施設か自宅かを決める分岐点

多くの人が心身の衰えを自覚する80代ころになって住み替えを考え始めますが、状況を客観的に判断し、早めに住み替えを検討することが重要です。

●心身の衰えを自覚してからでは遅い

高齢者の住まいを考える上で、住み替えについてどの段階で考え始め、どこで決めるかということは、その後の暮らしに大きな影響を与える重要なポイントです。多くの場合、高齢者自身が80代くらいとなり、心身ともに衰えを自覚してから住み替えを考えることが多いようですが、病気になったり、足腰が弱くなったり、重い介護が必要になってから住み替えを考えるのは、ベストなタイミングとはいえません。そうなる前、本人が健康なうちに安全な住まいへ住み替えることが重要であり、そのようなタイミングでの住み替えが、安心で安全なシニアライフにつながるといえるでしょう。

●早めの住み替えは健康寿命も延ばす

子どもの立場から、親の住まいの住み替えを考える場合も同様です。親に手厚い介護が必要になってからの住み替えとなると、住まいの種類や選択の幅が狭くなってしまいます。それだけでなく、高齢者の場合、心身ともに元気なうちにバリアフリーが充実している住まいなどに住み替えることで、転倒などの事故を防ぎ、ひいては健康寿命を延ばし、介護の必要性を軽くすることにもつながるのです。

●自分たちの状況を客観的に判断する

住み替えのタイミングは、本人の心身の状況だけでなく、現在の住居・

環境、家族事情、資産や収入などによっても異なってきます。こうした点から、自分または親の置かれた状況を客観的に判断するために、下記の図に示した5つの項目で、自己診断をするとよいでしょう。

老後の生活に必要な条件

❶**自宅形態**……住まいの形はバリアフリーで老後の生活に適していますか？
❷**生活環境**……自宅周辺の生活環境は便利ですか？
❸**医療・介護環境**……近くに病院や介護事業所が複数整備されていますか？
❹**家族事情**……老後生活を支えてくれる家族（子）はいますか？
❺**資金状況**……資産と収入は必要額がありますか？

住み替えのタイミング

状況の変化	介護認定	住まいに必要なこと
心身ともに元気 頭もしっかり身体も元気で自立生活	自立	バリアフリー住宅
生活不安 まだ元気だけれど、ひとり暮らしだと不安が多い	自立（非該当）	緊急コール 職員常駐
弱ってきた 足腰が弱ってきたが、手助けがあれば自立生活ができる	要支援 1～2	見守り 生活支援
介護が必要 訪問ヘルパーや家族の介護で自宅生活が何とか可能	要介護 1～2	介護体制 医療支援
中～重度の介護 夜間も介護が必要で介護保険だけではまかなえない	要介護 3～5	手厚い介護体制 医療との連携

どこに行けば相談できる？

高齢者の住まいや暮らしに関する相談はまず地域包括支援センターへ、民間タイプの高齢者住宅への住み替えは、専門の相談窓口の利用がおすすめです。

●お年寄りの暮らしをサポートする地域包括支援センター

　自分自身あるいは高齢となる親の住まいについて、住み替えを考える際には、専門家の助言やアドバイスがもらえると心強いものです。そのような相談窓口には、いくつかの種類があります。

　住み替えを考えている先が、特別養護老人ホームやグループホームなど、介護保険制度に基づいた公共タイプの施設であれば、まずは地域包括支援センターに相談してみると良いでしょう。地域包括支援センターは、お年寄りやその家族への支援を行う機関として設置された、地域の相談窓口です。その地域で暮らす高齢者と、その家族を広くサポートすることを目的としているため、お年寄りの介護に関する相談に乗り、必要な調整をしてくれます。

●住まいに関する相談にも対応

　地域包括支援センターは、高齢化社会が抱える問題に対処する役割を担っているため、介護保険に関する相談事はもちろんのこと、日常生活に関することなど、お年寄りの暮らしに関することであれば、どのようなことでも気軽に相談することができます。

　このため、介護保険3施設を中心とした施設型サービス等、介護保険制度に基づいた施設への入所に関する相談だけでなく、有料老人ホームやサービス付き高齢者向け住宅など、地域にある高齢者向けの住まいに関しても情報を持っていることが多いので、相談をしてみると良いでしょう。

　地域包括支援センターは、日本全国の市区町村に必ず設置されており、その数は4,000カ所以上にのぼります。原則として日常生活圏内ごとに1

カ所置かれることになっており、地域の中学校の学区にひとつの割合で設置されています。

●民間事業者等による民間住宅・施設専門の相談窓口

　地域包括支援センター以外の相談先として、民間の事業者などが運営する、高齢者の住まいに関する相談窓口があります。これらは、有料老人ホームやサービス付き高齢者向け住宅の業界団体、入居相談・紹介業が運営しているものが多く、インターネットなどで検索をすると、要望・条件に該当する住宅の情報が見られます。また、個別相談に応じてくれるので、介護の入居検討をはじめ、自立している人や、まだ元気だけれど将来に備えて住み替えを考えている人も、こうした民間の相談窓口を利用すると良いでしょう。

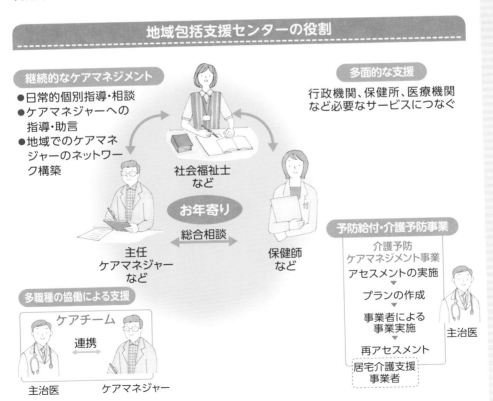

地域包括支援センターの役割

継続的なケアマネジメント
- 日常的個別指導・相談
- ケアマネジャーへの指導・助言
- 地域でのケアマネジャーのネットワーク構築

多面的な支援
行政機関、保健所、医療機関など必要なサービスにつなぐ

社会福祉士
など

お年寄り
総合相談

主任
ケアマネジャー
など

保健師
など

予防給付・介護予防事業
介護予防
ケアマネジメント事業
アセスメントの実施
▼
プランの作成
▼
事業者による
事業実施
▼
再アセスメント
居宅介護支援
事業者

主治医

多職種の協働による支援
ケアチーム
連携
主治医　　ケアマネジャー

施設に入りたくないと言われたら？

お年寄りが、住み替えや施設への入所を拒否するということも少なくありません。短期入所で施設に慣れてもらうなど、説得には工夫が必要です。

●介護サービスの利用さえも拒否する人が少なくない

　高齢者の住み替えに関して、最も大きな問題となることのひとつが、施設に入りたがらない親の説得です。元気なときには、「将来、介護が必要になったら、介護保険のサービスを利用したり、老人ホームに入るよ」と話していた人が、実際に自分に介護が必要になると、施設への入所どころか通所や在宅での介護サービスさえ受けたがらないというケースも少なくありません。

　あるいは、自立していてまだ介護が必要のないお年寄りの場合でも、子どもが将来に備えて住み替えをすすめても、住み慣れた自宅からの転居をしたがらないということはよくあります。

●住み替えのタイミングを逃すと……

　一方で、施設への入所や有料老人ホームなどへの住み替えをすすめる家族の側も、「親（あるいは配偶者）を施設に入れるのは良くないことだ」という罪悪感を持つ人が少なくありません。このために、住み替えや施設入所への適切なタイミングを逃し、重い介護負担で家族が疲弊したり、バリアフリー環境の整っていない住まいで無理に生活を続けることで、転倒をして急激に介護度が重くなり、そのまま寝たきりになってしまうといった事例もあります。

●ショートステイで施設に慣れてもらう

　このようにお年寄りの多くが、いざ住み替えが必要になると、それを拒否しがちであることを考えると、できるだけ元気な時期から将来に向けての高齢者施設への入居や住み替えについて、できるだけ具体的に家族でよく話し合っておく必要があります。

　その上で、たとえばすでに介護が必要な親であれば、いきなり特別養護老人ホームや介護老人保健施設への入所ではなく、まずはショートステイなどで短期間の泊まりを繰り返し、本人に施設での生活に慣れてもらうというのも、有効な手立てのひとつです。同様に、有料老人ホームへの住み替えなどでも、お試しでの宿泊ができる施設も少なくありませんので、そういった機会をうまく利用して、本人の拒否感をほぐしていくと良いでしょう。

　家族の説得では理解してくれない場合でも、医師やケアマネジャー、介護福祉士など、医療や介護の専門職が話をすると納得してくれるというケースもありますので、相談してみるのも良いでしょう。

高齢者が施設への入居を拒む理由と対処のヒント

なぜ施設を拒むか？

- ●家族に身捨てられたくない
- ●邪魔者扱いをされたくない
- ●住み慣れた場所から離れたくない
- ●施設に入る必要がないと思っている
- ●介護や高齢者向けの施設に、否定的なイメージを持っている

対処のヒント

- ●ショートステイなどで、施設に慣れてもらう
- ●家族（介護者）の都合は押し付けない
- ●元気でいてほしい、長生きしてほしいという気持ちを伝える
- ●自宅よりも安心で安全、便利な環境で暮らせることを丁寧に説明する
- ●医師やケアマネジャーなど、専門職にも説得の手助けをしてもらう

家族、親族との話し合い

> 住み替えや介護施設などへの入所に当たっては、その後の生活も考えて、住み替える本人を取り巻く家族（子ども）や親族との情報共有が大切です。

●夫婦での住み替えは、死別後のことも考慮する

高齢者施設への住み替えに際して、家族や親族とのコミュニケーションをどのようにとるのかは、その後の生活の質を左右する重要なポイントです。この場合、本人が住み替えを考えているのか、あるいは子どもが親の住み替えをすすめようとしているのか、2つのパターンに分けて考えてみましょう。

自分自身が高齢者施設への住み替えを考えているケースでは、配偶者がいる場合は、まずは夫婦でしっかりと話し合い、お互いに納得できる住まいを選ぶことが基本です。その上で、いずれは夫や妻のどちらか一方が他界することを想定し、「その後は（住まいも含めて）どのように暮らしていくのか？」を、視野に入れておかなければなりません。

●独断での住み替えはトラブルの元

本人が住み替えを考えている場合、特に自己資金だけでの住み替えをするケースでは、「自分（または夫婦）の資産と収入で住み替えをするのだから、子どもたちの意見は聞く必要はない」と考える人もいます。

しかし、老後の生活では、いつ子どもたちの手助けが必要になるかわかりません。また、この先、自分自身での財産管理が難しくなり、月額費用の支払いなどでトラブルが起きるかもしれません。こうしたときに、まず頼りになるのが家族です。だからこそ住み替えに際しては、子どもたちに「なぜ住み替えをしようと思うのか」「どのような暮らしを望んでいるのか」「住み替え後、どのような支援を家族（子ども）に期待しているのか」などについて、しっかりと相談し、住み替えを検討する早い時期から家族の意見を聞いておくことも重要です。

●兄弟姉妹、関係の深い親族との情報共有も

子どもが親に住み替えをすすめる場合、特に子どもに兄弟がいる場合は、兄弟姉妹同士での情報共有、そして納得と合意が重要です。たとえば親が自宅から介護施設などへ入所する場合、本人の判断力が低下していることから、中心となって介護を担ってきた子どもが入所を決定するといったケースは少なくありません。しかし、介護の中心となってきた家族（子ども）が独断で施設入所を決定すると、それまであまり介護に関わってこなかった兄弟姉妹との間で意見が分かれてトラブルになるというケースも見られます。

これは、住み替えをする本人と比較的関係の深い親族などについても同じことがいえます。親の施設入所や住み替え、介護などについて、その後の親族内でのトラブルを避けるためには、兄弟姉妹あるいは本人らと関係の深い親族との間では情報を共有し、気軽に話し合える関係を作っておくことが大切です。また、住み替えに際しては、親の財産状況を明確にしておくことも重要なポイントです。

住み替えに関して話し合う内容

- ●配偶者とは、死別後の生活も含めて、お互いに納得できる条件や環境をよく話し合う
- ●ある程度、住み替えや施設入所へのイメージが固まってきたら、家族（子ども）には住み替えや施設入所の意向を早めに伝える
- ●自己資金での住み替えや施設入所でも、家族の意見を聞いておく
- ●親の住み替えや施設入所に関して、誰かが独断で決めるのではなく、兄弟姉妹、あるいは住み替える本人との関係の深い親族には、説明と合意を求めておく
- ●住み替えるのが親の場合、その財産状況などは、家族間である程度、透明化しておく

施設探しから入居までの流れ

最初に行うのは、ライフデザインから。その後、情報収集・条件の絞り込み、資料
の確認などを経て、現地見学や体験入居をして入居決定となります。

●まずは予算を割り出すこと

　高齢者施設への住み替えに向けて、まずは住み替えに必要な予算を決
めておきましょう。現時点での貯蓄や資産、さらにこれから受け取れる
収入（年金等）などを洗い出し、住み替えに当てる費用を割り出します。
その際には、

「入居時の費用」＋「月々の生活費×12×居住想定年数」

を試算し、無理のない費用支払いの計画を考えることが大切です。

●住み替えたい地域を絞る

　次にどの地域に住み替えたいかを考えます。一般的には今の自宅の近
くや家族の住む場所近辺を希望しますが、あまり狭いエリアで探すと予
算や条件に合うところが見つからない場合もあるので、交通アクセス等
も含めて、どこまで広げられるかも考えながら希望地域を設定します。
また、立地環境についても、緑の多い静かな郊外が良いのか、利便の良
い駅近の場所に絞るのかなどを考えておきましょう。

●心身の状態に合った施設形態を検討する

　予算と希望地域が設定できたら、どのような形態の高齢者施設が、自
分あるいは住み替えを考えている親に合っているのかを考えます。ここ
では、住み替えをする人の心身の状態を元に整理をすると良いでしょう。

　住み替えをする本人が自立しているのであれば、自立型の有料老人ホー

ムやシニア向け分譲マンション、自立者向けのサービス付き高齢者向け住宅などが住み替えの対象になります。一方で、介護が必要な人であれば、要介護型の有料老人ホームやサービス付き高齢向け住宅などが対象となります。

自立している人向けの住まいの場合

● **住み替えの時期は？**
元気なうちに住み替えを検討

● **選べる住まいは？**
<比較的低額で住み替えができる住まい>
・一般的ケアハウス
・自立者向けサービス付き高齢者向け住宅
<費用が高額になることが多い住まい>
・シニア向け分譲マンション
・有料老人ホーム（住宅型、介護付き）

● **予算は？**
・最も低額な住まいで月額費用5万円程度のシルバーハウジング（食事・サービスなし）
・高額な住まいでは月額費用100万円代の有料老人ホームも

※低額と高額の間、中間の費用帯の住まいが非常に少ない

介護が必要な人向けの施設の場合

● **住み替えの時期は？**
介護【要支援〜要介護】が必要になってから住み替えを検討

● **選べる施設は？**
<比較的低額で住み替えができる住まいや施設>
・介護保険3施設（特養、老健、介護療養型医療施設―介護医療院）
・介護型ケアハウス
・グループホーム
・要介護者向けサービス付き高齢者向け住宅
<費用が低額から高額まで選べる住まい>
・有料老人ホーム（介護付き・住宅型）

● **予算は？**
・最も低額な住まいで月額費用5万円程度の特養（食事・サービスあり）
・高額な住まいでは月額費用が100万円近い有料老人ホームも

※有料老人ホームは、居室やサービス内容などが、ホームごとに費用に見合ったものとして大きく異なる

●希望する条件に優先順位をつけて施設を絞り込む

　さらに、住み替えをする本人がどのような生活を送りたいかを具体的に描き、それをかなえるために必要なこと（条件）を洗い出します。その条件に対してさらに優先順位をつけることで、よりその人の希望に合った施設選びができるのです。

●一次情報を集め、パンフレットや重要事項説明書を入手する

　住み替えをしたい施設イメージが明確になったら、いよいよ実際に施設の一次情報の収集を始めます。まずはネットで検索して、幅広く情報を集めてみましょう。雑誌や新聞広告などにも普段から目を向けておくことが大切ですし、地域の相談窓口へ行ってみるのも良いでしょう。

　一次情報を集めて検討し、複数の施設を候補としてピックアップしたら、次はそれぞれの施設に資料請求をしてみましょう。施設が発行する資料には、一般的なパンフレットに加え、有料老人ホームなら「重要事項説明書」があります。重要事項説明書は読みにくいかもしれませんが、施設選びには、むしろこちらのほうが重要といえます。

●現地見学や体験入居で本人に合うかを判断

　パンフレットや重要事項説明書を確認し、入居を希望する施設をさらに複数絞り込んだら、次は現地見学や体験入居で、実際に自分の目で要望に合うかを判断します。その結果、住み替えをする本人が「これだ！」と感じた施設があれば、入居を決断し、申し込みとなります。ただしその前に、できるだけ住み替えについて家族の同意を得ておきましょう。

●入居申し込みから入居判定、そして契約へ

　施設へ入居の申し込みをすると、希望する居室が押さえられます。次に入居を受ける施設側の審査があります。まずは本人の診断情報の提出が必要となり、施設所定の診断書用紙にかかりつけ医などに記載してもらい、施設へ提出します。施設は主治医の判断のもと、感染症の有無等を確認した上で審査を行い、本人との詳細な面談や介護・看護のサマリー等で本人の生活状況等も把握した上で、最終的な入居判定を行います。

施設選びから入居まで

1 予算を決める　費用に充てられる資産や収入を洗い出し、無理のない費用計画を考える

2 希望地域を設定する　住み慣れた地域・家族の通いやすい場所

3 住み替える人に合った施設形態や入居条件を考える　自立しているか？　介護が必要か？
入居条件に合致しているか？

4 条件を整理する　住み替えをする本人の要望から、求める条件に優先順位をつける

5 一次情報を集める　インターネットや広告、相談窓口などで、施設の基本的な情報を集める

6 パンフレット・重要事項説明書を入手して確認する　施設に直接コンタクトを取り、パンフレットや重要事項説明書を入手して、検討する

7 絞り込んだ施設を見学、さらに体験入居をする　現地見学や体験入居で、実際の暮らしの様子を確認する

8 施設に入居を申し込む　入居意向を伝え、希望の居室を押さえる

9 施設が入居判定を行う　診断書と本人面談で受入れの可否を判断する

10 入居契約　身元引受人を立てて契約書を交わし、入居時費用を支払う

11 入居　荷物を搬入し、生活を始める

目的を明確にして優先順位を決める

施設を選ぶ際には、どのような目的で、何を求めて住み替えをするのかを明確にしておきます。その上で、要望や条件の優先順位を決めましょう。

●目的や要望に合わない施設での暮らしを避けるために

施設選びで重要なのが、住み替えの目的を明確にして要望・条件の優先順位を決めることです。高齢者施設には、それぞれ提供するサービスや機能、設備にも違いがあります。それが住む人の目的や要望と合致しないと、単に暮らしにくいだけではなく、生活の質の低下にもつながってしまう可能性があります。生活の質の低下は、ひいては健康状態の悪化にもつながります。また介護や医療面での機能が入居する人が求めているものより低い場合、介護度や病状が悪くなってしまうことにもなりかねません。

●不安や困りごとの解消に必要なことを考える

住み替えの目的を明確にするには、まず今の住まいや暮らしを見つめなおし、今抱えている不安や困りごとの解消に、何が必要かを考えてみましょう。たとえば、「今は問題ないけれど、この先足腰が弱って家事がつらくなったらどうするべきか？」「病気や介護が必要になっても、頼れる人がそばにいない」「ひとり暮らしで話し相手がおらず、さみしい」など、今感じている不安や心配ごと、近い将来顕在化しそうな問題について、一つひとつ具体的に挙げ、それらの不安や困りごとの解消に必要な住まいの設備や環境、サービスや支援について考えます。

さらに、これからも自分らしく楽しく暮らすために、今後送りたい生活（ライフデザイン）について、できるだけ具体的に考えましょう。その上で、「送りたい生活＝要望」と「それをかなえるために必要なこと＝条件」を導き出し、必ず適えたいことを上位に、できれば適えたいことを次に並べ、施設選びのための優先順位をつけていきましょう。

今の住まいや暮らしを見つめ直す

今抱えている不安や困りごとを見直す

病気や介護が必要になっても、
頼れる人がそばにいない

今は大丈夫だけど、
この先足腰が弱ってきたらどうしよう？

介護が必要になっても、
離れて暮らす子どもには頼りたくない

住み替えたいが、十分な資金がない

今の住まいでは、
終の棲家とするには不安

この先も元気で暮らしたいが、
健康をどのように保てばよいか
わからない

ひとり暮らしで寂しい

最近、日常生活の動作に
不安を感じるようになってきた

毎日の自炊がおっくう

持病を抱えながらの生活に不安がある

毎日退屈で、生活に充実感がない

寝たきりになってしまったら
どうしよう

万が一認知症になっても、
家族に迷惑をかけたくない

**これらの困りごとの解消に必要な住まいの設備や
環境、サービスや支援は何か？ を考える**

要望と条件に優先順位をつける

要望
自分たちが送りたい生活

→

条件
要望を実現するための環境やサービス

たとえば

- 終の棲家にしたい
- 介護の心配をしたくない
- いつまでも趣味を楽しみたい
- 毎日おいしい食事がとりたい
- 緑豊かな環境で暮らしたい
- 夫婦2人で最後まで暮らしたい
- 住み替え後も外出や外での買い物
  を楽しみたい
- 人間関係を広げたい

たとえば

- 介護度が重くなり、病状が進んで
  も住み続けられる
- 介護サービスや医療連携が充実し
  ている
- レクリエーションが豊富
- 工夫を凝らした健康的でおいしい
  食事を提供
- 庭や菜園などがある
- 十分な広さの居室
- 商店街や駅に近い
- イベントが充実している

情報を収集する

施設の情報収集には、インターネットを活用する、施設に直接資料請求をする、民間事業者が運営する専用の相談窓口を利用するなどの方法があります。

●手軽に情報収集ができるインターネット

高齢者施設に関する情報収集の第一歩として、最も手軽にできるのがインターネットによる検索です。この場合、漠然と「東京、介護付き有料老人ホーム」などというキーワードで検索をしても、該当する膨大な施設情報がヒットするだけで、適切かつ効率的に情報を集めることができません。そこでおすすめなのが、高齢者施設や介護サービスなどに特化した専門のサイトです。

●信頼度の高い、国や事業者団体のサイト

たとえば厚生労働省が運営している、「介護サービス情報公表システム」（http://www.kaigokensaku.mhlw.go.jp）では、全国の介護サービス事業者の情報に加え、住まい関連では一般社団法人高齢者住宅協会運営の情報提供システムにリンクして、サービス付き高齢者向け住宅の情報が見られます。また、独立行政法人福祉医療機構が運営するWAMNETからも、介護保険施設や特定施設などの情報が閲覧できます。あるいは、公益社団法人全国有料老人ホーム協会（http://www.yurokyo.or.jp/）や一般社団法人高齢者住宅協会（https://kosenchin.jp）など、業界団体のホームページでも、全国各地の加盟施設に関する情報を公開しています。

●パンフレットや重要事項説明書を手に入れる

ネットでの情報収集である程度の目星をつけたら、次はそれぞれの施設に直接連絡をとり、パンフレットと「重要事項説明書」などを入手します。これらの資料は、電話やネットから施設に資料請求の申し込みをすると郵送などで送ってくれるほか、最近ではネットから直接ダウンロードできるようにしている施設もみられます。

また、民間の事業者や業界団体が運営する、高齢者施設の情報提供を目的とした窓口などに出向いて、施設に関する情報を集めるのもひとつの方法です。ただし民間の紹介業には、自社との契約先のみの情報しか提供しないところもあるので注意しましょう。

情報を収集する方法のメリット・デメリット

	メリット	デメリット
国や業界団体のホームページ／介護サービス情報公表システム、全国有料老人ホーム協会、サービス付き高齢者向け住宅協会など	情報の信頼度や公平性が高い	情報量が少なく、細かい条件などがわからないことも。業界団体では加盟施設の情報しか得られない
高齢者施設の検索に特化したサイト	情報が豊富。絞り込み機能などで、希望する条件に合った施設を検索できる	民間事業者による検索サイトなので、公平性や情報の信頼性は劣る
各施設の資料（パンフレット・重要事項説明書など）	各施設のアピールしたい魅力が明確にわかる。重要事項説明書は、最も重要な情報のひとつ	webでパンフや重要事項説明書を公開していない施設の場合、直接資料請求をする必要がある
民間事業者が運営する相談窓口	窓口の担当者の顔を見ながら、直接対話して情報を聞くことができる	紹介契約のある施設のみの情報提供になりがちで、公平性に欠けるケースがある

情報・資料をチェックする

インターネットの情報やパンフレットなどの資料を手に入れたら、重要な内容は必ず確認をしておきます。

●施設の事業主について確認する

インターネットで高齢者施設の情報をチェックする際、最初に確認しておくべき点は、その施設の事業主はどのような法人かということです。高齢者施設の事業主となる法人には、営利法人（民間の会社）、社会福祉法人、医療法人、その他の非営利法人（NPO）などがあり、それぞれに特徴があります。

一般的な認識として、たとえば医療法人が事業主となっている施設であれば、病院や診療所など、医療機関との連携といった部分で安心感があるでしょう。社会福祉法人が事業主であれば、地域での福祉活動の実績を積み重ねてきた法人が多いので、介護や福祉に関する信頼感があります。一方で事業主が営利法人の場合は、医療や介護の世界の慣習に捉われない、多彩なサービス提供が充実している施設が少なくありません。

●施設以外の関連事業についてもチェック

こうした事業主の種類ごとのイメージは、必ずしもすべての法人に当てはまるとは限らないので注意が必要です。医療法人が運営している施設でも、医療機関との連携が十分ではないケースもありますし、非営利法人だから社会貢献に熱心とは限りません。

そこで事業主となる法人が、その高齢者施設以外にどのような事業を展開しているのかを確認することが大切です。それぞれの物件（高齢者施設）のホームページには、法人の概要や沿革、事業実績などに関するリンクがあることが多いので、それらを丁寧に確認します。「（その施設以外に）高齢者施設に関する事業の実績が、どれくらいあるのか？」「どれくらいの期間（年月）にわたって、事業を継続しているのか？」「医療

機関や介護サービスなどとの連携は十分なのか？」といった点を確認することで、法人の信頼感や安心感を見極めます。

　民間施設の場合は、施設を運営する法人だけでなく、その母体企業の信頼性も確認しましょう。たとえ運営する施設が赤字になっても継続を支援できる体力や理念があるかなども、重要なチェックポイントです。

● **施設で働く専門職や職員の質を見極める**

　事業主と並んで確認しておきたいのが、その施設で働く職員の質です。専門職である看護師や介護士、リハビリテーションの専門家である理学療法士や作業療療法士など、どのような専門職が、どれくらい施設にいるのかを確認します。たとえば、看護師が夜間も常駐しているのであれば、より手厚い看護サービスを提供しているといえるでしょう。

　さらに、職員のプロフィールや氏名入りのコメントにも着目しましょう。介護の現場は離職率が高く、人の入れ替わりが早いのですが、職員の氏名入りのコメントやプロフィールが掲載されている施設は、職員の定着率が比較的高い施設と考えられます。同様に、入居者のコメントや顔写真が掲載されている場合も、納得・満足して入居している人がいる根拠のひとつとなります。

　そのほか、施設の所在地や最寄り駅、介護保険の特定施設になっているかなど施設の種別、大まかな費用の目安などについても、この段階でチェックしておきましょう。

インターネットの情報で確認すべきこと

- ☑ 事業主となる法人の種類と関連事業
- ☑ 専門職の有無、職員のプロフィールやコメント
- ☑ 入居者のコメントなどが掲載されているか？
- ☑ 施設の所在地や最寄り駅
- ☑ 施設の種別（介護保険制度の「特定施設」かなど）
- ☑ 大まかな入居費用の目安

●ネットやパンフに示された費用は、あくまでも目安

　インターネットの施設に関する情報や、パンフレットなどの資料を見る際、注意しておきたいのが、月々の費用に関する情報です。たとえば高齢者施設の検索サイトなどで、希望する料金で検索ができる場合も、その金額に食費やサービス費などが含まれている場合と、そうでない場合があります。同様にパンフレットなどでも、施設や法人によって、示されている月額費用の内訳の内容が異なることは少なくありません。

　このため、インターネットやパンフレットに示されている費用に関する情報は、あくまでも目安であり、正確な金額については、改めて施設見学の際などにしっかりと確認しなければなりません。さらに、医療費や生活雑費、入居する人に介護が必要な場合は、介護サービス費も毎月必要になってきます。インターネットやパンフレットで示される施設の費用は、どの入居者にも共通で必要な費用のみですから、あくまでも目安であると心しておくことが大切です。

●国や業界団体のガイドラインを活用する

　高齢者施設に関する情報を精査する際に、ぜひ参考にしてほしいのが、景表法（不当景品類及び不当表示防止法）や団体のガイドラインです。景表法では、「有料老人ホームに関する不当な表示」について定めており、土地や建物、施設や設備、居室の利用など、一般消費者が有料老人ホームを選択する時点で重要な判断要素となると考えられる事項について、それが明確に記載されていない場合や、表示の内容が明らかにされていないものについて、不当表示として規定しています。同様に、サービス付き高齢者向け住宅では、「国土交通大臣及び厚生労働大臣が定める表示についての方法」が示されています。

　こうしたガイドラインの内容と、施設のホームページやパンフレット、重要事項説明書を照らし合わせ、記載内容に疑念があったり、うそ、大げさ、紛らわしい点があるのなら、入居候補から外していきましょう。

サービス付き高齢者向け住宅に関する
「国土交通大臣及び厚生労働大臣が定める表示についての方法」

表示するもの			内容を明瞭に記載しなければならない場合・内容
土地または建物	土地または建物		住宅の土地、建物が登録事業者の所有でない場合
施設または設備	施設設備		住宅の登録事業者が設置していない施設・設備がある場合
			住宅の敷地内に設置されていない施設・設備がある場合
			入居者が利用するためには、利用するごとに費用を支払う必要がある施設・設備がある場合
			住宅の入居者の利用に供される施設、または設備のうち、特定の用途に供される場合があるもので、かつ、それらの施設・設備がその特定用途専用として設置・使用されていない場合
	構造・仕様		当該設備の構造または仕様の一部に異なるものがある場合
居住部分の利用	住戸の変更		入居者の病院への入院まはた心身の状況の変化以外の理由により居住部分を変更することがあるとき、または入居者の合意の上で居住部分を変更することがある場合
		明記事項 1	変更後の居住部分の床面積が当初入居した居住部分の床面積に比して減少する場合
		明記事項 2	他の居住部分に住み替える場合に、当初入居した部分の利用に関する権利が変更すること、または消滅する場合
		明記事項 3	入居者が変更後の居住部分の利用に関し、追加的な費用を支払う場合
		明記事項 4	当初入居した居住部分の利用費用について、居住部分の変更による居住部分の構造、もしくは設備の変更、または居住部分の減少に応じた調整が行われない場合
	終身入居・サービス		入居者の病院への入院、または心身の状態の変化以外の理由により居住部分を変更することがあるとき、または入居者の合意の上で居住部分を変更することにより、終身にわたる居住または介護サービスの提供を受けることができない場合
介護サービス	介護サービス提供者		入居者に提供される介護サービスについて表示する場合において、登録事業者が当該介護サービスを提供するものではない場合
	保険外サービスの内容・費用		登録事業者が自らまたは委託もしくは提携により提供する介護保険法の規定に基づく保険給付の対象とならない介護サービスについて表示する場合
生活支援サービス	生活支援サービスを提供する人数		
		明記事項 1	生活支援サービス提供者の総人数および状況把握、生活相談、入浴、排せつ、食事等の介護、食事の提供、家事援助、健康維持の各サービスごとの内訳の人数
		明記事項 2	要介護者等以外の入居者に対し、食事の提供、その他の日常生活上必要なサービスを提供する場合においては、要介護者等への生活支援サービス提供者の総人数および明記事項 1 の各サービスごとの内訳の人数
		明記事項 3	夜間における最少の生活支援サービス提供者の総人数および明記事項 1 の各サービスごとの内訳の人数
	介護資格保有者		常勤または非常勤の別ごとの人数

情報・資料をチェックする

施設の候補を絞り込む

候補となる施設を絞り込むには、基本の条件で抽出した中から、さらに本人に合いそうな施設を絞り込んでいきます。

●まずは３つの要素でピックアップする

インターネットやパンフレットなどで情報を集め、それらをじっくりと精査し、施設見学や体験入所などを経て、住み替え先を決定する。こうした一連の手続きの中、それぞれの段階で住み替え先の候補となる施設を絞り込んでいきます。

最初の段階である、インターネットや民間の相談窓口などで情報を集める際には、住み替え先として考える地域、予算に基づいた大まかな費用、本人の状況に見合う入居条件などで、ざっくりと検討可能な施設を選びます。

●あまり早い段階で候補を絞り込みすぎない

次の段階では、整理した情報から、さらにより優先順位の高い要望・条件に合った施設を絞り込み、比較しながら具体的な検討に入ります。この段階でも候補となる施設は複数、少なくとも５〜６施設ほどに絞って検討するのがおすすめです。なぜなら、あまりに早い段階で絞り込みすぎてしまうと、さまざまな要素での比較がしにくくなるからです。

施設見学や体験入居は、見学をする本人や同行する家族にとっても時間や労力がかかるものですが、最低でも３施設以上は、実際に見学や体験入居をし、比較するようにしましょう。そして、この段階で納得のいく施設が見つからなければ、３つの要素で整理した情報に戻り、もう一度絞り込みを進めます。複数の施設を比較検討することで、納得して選択でき、確信を持って決断できます。

●住み替え先を見極めるために

このように、施設の候補を絞り込み、しっかり内容をチェックした上

で最終的な検討先を絞るには、実際に現地に出向いて、その施設の住まいの形とそこでの介護や医療も含めた生活内容を再確認し、そこでどんな生活が送れるか？　どんな状態まで住み続けられるのかを見極めることが大切です。その際には、施設の種類やタイプにとらわれすぎないこと、また費用に見合う内容への納得も必要です。

　加えて、「どんな事業者が運営しているのか？」という観点から、運営会社の実績、事業母体の体力と信用、入居率や退去率の確認も必要です。また、「どんな理念・姿勢が見えるのか」という点で、見学時の対応から施設運営が入居者本位か、親身な姿勢や誠実な態度が感じられるかなどについても、見極めることが大切です。

検討候補の抽出

抽出条件は「予算」「地域」「入居条件」

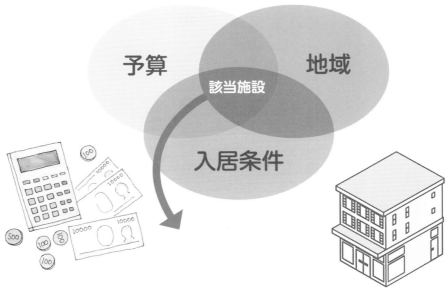

予算

地域

該当施設

入居条件

3つの要素に該当する施設の中から、
さらに優先順位の高い要望に適うところを選び出す

見学・体験に行く

入居を希望する施設を絞り込んだら、現地見学や体験入居などで、実際に施設の
サービスや設備などをチェック。それらを比較検討して入居先を選びましょう。

●現地見学や体験入居で施設を絞り込む

　高齢者施設への住み替えに向けて情報を集め、いくつか候補の施設を
絞り込んだら、現地見学や体験入居をしてみましょう。高齢者施設の多
くは、入居検討者に向けて見学対応や体験入居のプランを用意していま
す。まず複数の施設を見学して候補をさらに絞り込み、元気なうちの入
居なら、お試し気分で気軽に体験入居してみましょう。要介護になって
からの入居の場合は、入居先を決めてから、最終確認のために体験入居
を利用します。

　見学や体験入居では、後述する施設のチェックリストなどを用意し、
メモをとったり、気になるところは許可を得てデジタルカメラで撮影す
るなどして記録しておくと、後で比較・検討する際に便利です。

●本人に合うかの判断はじっくり検討

　見学や体験入居の申し込みをしたら、その時点から、その施設に対す
るチェックをする心づもりでいましょう。申し込みをする際の施設の受け
答えや対応、パンフレットやホームページなどでの情報開示のレベル、施
設に関して希望する場所はすべて見せてくれるのか、あるいは一部しか
見学させてくれないのかなども、その施設を判断する重要なポイントです。

　ただし、施設内で見学できるところが限られているというケースは、
事業者が施設の情報開示にあまり積極的ではない兆候といえる一方で、
すでに入居している人のプライバシーを大切にしているとも判断できま
す。このように見学や体験入居においては、そこで見たことや感じたこ
とを早合点して判断するのではなく、じっくりと検討して「そこが自分
に合うか」を判断することが大切です。

●**目に見えないサービスの質の違いも比較する**

　施設見学や体験入居では、居室や設備など目に見える部分だけでなく、目に見えないサービスの質の違いを、しっかりと確認するよう心がけましょう。たとえば介護付き有料老人ホームでは、要介護者と介護に関わる職員の割合は３：１（３人にひとり）以上と定められています。そうすると、職員体制が２：１（２人にひとり）の施設は、より手厚い介護を提供していることになります。看護師の配置も、介護付き有料老人ホームは日勤配置が義務付けられていますが、24時間看護師が常駐している施設であれば、医療的処置や看護の体制がより充実しているといえます。

　その他にも、食事内容やアクティビティの違い、リハビリや認知症対応、職員の動きや入居者への対応など、あらゆる点に五感を研ぎ澄まして、その施設が自分に合うのかを見極めなければなりません。

見学までの手順と心構え

1. 見学日時の候補を出す
施設側の都合もあるので、複数の候補日時を決めておく

2. 予約する
急な訪問では十分な説明が聞けないので、必ず予約を。
また、ひとりではなく、２〜３人で行くと、多彩な視点から見ることができる

3. 見学でのチェックポイントを確認
自分たちが確認したいこと、見ておきたいをまとめて、事前にチェックリストを用意しておくと便利

4. 持ち物の準備
筆記用具、見学チェックリストや確認事項をまとめたメモ、カメラ、メジャー（家具を持ち込むスペースの確認）などを準備

●**見学予約時には、以下の項目について施設側に伝えておく**
・見学の日時
・訪問する人数
・訪ねる手段（車で行く場合は、駐車場の有無を確認）
・試食がしたい場合の申し込み
・入手したい書類（重要事項説明書、財務諸表など）

見学・体験に行く

●「生活」「介護」「医療」の３つをチェック

施設見学や体験入居では、住まいとなる居室そのものの内容に加えて、「生活」「介護」「医療」の３つについて、その内容をチェックすると良いでしょう。以下は介護型の有料老人ホームを主に想定したチェック内容ですが、その他の高齢者向け施設にも、同様に当てはまるものも多いので、参考にしてください。

生活については、「普通の生活を送れるか？」という点を念頭に、食事やアクティビティ、生活の自由度、そこに和める場所や空間があるのかを確認しましょう。

●安全で快適な設備かチェック

設備のチェックポイントは、安全で快適な設備なのかが最も重要であり、「入居者の安全や快適な暮らしへの配慮があるか？」という観点で確認をします。たとえばエレベーターについて、台数や大きさも含めて、食事などの際にスムーズな移動が可能なのかもチェックします。共用設備では、談話スペースなど自室以外に和める場所があるか、交流の場所が整備されているのかも重要です。居室については、出入り口の扉の形や大きさ、エアコンの設置位置などにも注意したいところです。

●介護や認知症への対応力は？

介護については、「要介護度が重くなった場合や認知症への対応力」を見極めることが大切です。その上で、昼間や夜の職員配置、緊急時の対応、どのようなケアがどこまで可能なのかも聞いておきます。介護スタッフについては、特にリーダークラスの職員に経験豊富な人がいるのかがポイントです。また、認知症ケアに自信を持っているか、ターミナルケアの経験があるかについても確認しておきましょう。加えて職員の言葉遣いの丁寧さや笑顔でのあいさつ、親身な態度や介護への熱意についても、よく観察してください。介護設備については、浴室の種類や数、入浴回数や入浴介助のやり方、さらに外部の介護サービスの利用可否などについても聞いておくと良いでしょう。

高齢者の住まい・施設のチェックポイント

生活について

ポイント▶「普通の生活が送れるか？」

● 環境
- ☑ 共用スペースに和める場所がある
- ☑ 居室や共用スペースが明るい
- ☑ テラス、庭など季節を感じられる場所がある

● 食事
- ☑ 食事場所の広さが十分で、雰囲気が良いか
- ☑ 食事の提供はどのような形式か（厨房での調理、配食など）
- ☑ 食事の時間は適切か
- ☑ 味付けやアレルギー、介護食などについての配慮や対応は十分か

● レクリエーションなど
- ☑ 内容が魅力的か
- ☑ 実施頻度や回数は十分か
- ☑ 自立やリハビリにつながる内容のものか
- ☑ 外部との交流や外出の機会につながっているか

● その他
- ☑ タバコや酒など、嗜好品に関する対応
- ☑ 家族との面会や外出は十分にできるか

設備について

ポイント▶「入居者の安全や快適な暮らしへの配慮があるか？」

● 居室
- ☑ 窓の向きや日差しはどうか
- ☑ 温度や湿度は保たれているか
- ☑ 室内の防音は保たれているか
- ☑ 手すりの設置位置や高さ
- ☑ 出入り口は十分な広さ
- ☑ ナースコールなどは適切な位置（手の届く場所）にあるか
- ☑ エアコンの位置は適切か

● その他
- ☑ 共用の浴室・トイレ等、水回りは清潔感があるか
- ☑ 廊下やエレベーターホールに腰かけられる場所があるか
- ☑ エレベーターは十分な広さ・台数があるか
- ☑ 廊下は十分な広さがあるか
- ☑ 非常口までの移動はスムーズか

介護について

ポイント▶「要介護度が重くなった場合や認知症への対応力」

● 体制
- ☑ 日中と夜間の職員数は十分か
- ☑ 夜間の介護体制はどのようなものか
- ☑ 緊急時の対応はしっかりとしているか
- ☑ どのような症状まで介護（ケア）をしてくれるのか
- ☑ 医療的ケアやターミナルケアへの対応は可能か

● 設備
- ☑ 重度対応の入浴設備があるか
- ☑ 玄関やフロアのセキュリティは十分か

● 職員の質
- ☑ 笑顔や丁寧な言葉遣いをしているか
- ☑ 介護への熱意が感じられるか
- ☑ 経験豊かな職員が多いか

●医療支援や看護に関する体制も重要

　医療支援については、「日常や緊急時の対応」と「在宅レベルの医療行為への対応力」について確認します。たとえば有料老人ホームでは、協力医療機関については、各医療機関への距離、その医療機関の診療科目、訪問診療をしてくれるのかなどを聞いておきます。施設の看護体制については、昼夜それぞれの看護師の配置や人数、夜間対応の内容、どのようなサービスを提供してくれるのか、具体的な内容までチェックしておきましょう。

　リハビリテーションを提供しているのなら、理学療法士（PT）や作業療法士（OT）、言語聴覚士（ST）などの専門職が配置されているか、リハビリのための専用スペースがあるのかなども、重要なチェックポイントです。さらに、服薬管理、通院が必要になった場合の送迎や付き添い、看取りに関するケアの体制や経験値についても確認しましょう。

医療について

ポイント▶「日常や緊急時の対応」「在宅レベルの医療行為への対応力」

●医療機関との連携
- ☑ 連携・提携している医療機関の有無
- ☑ 連携・提携している医療機関の専門領域
- ☑ 各医療機関への距離
- ☑ 訪問診療をしてくれるか

●看護の体制 ➡➡ 看護師の配置・人数、夜間の対応
- ☑ 看護師の配置状況について
- ☑ どんな医療的ケアに対応できるのか

●その他
- ☑ リハビリテーションに関するサービスが受けられるか
- ☑ 服薬管理の有無
- ☑ 通院の際の送迎や付き添いがあるか
- ☑ 急病やケガの際の緊急対応は整っているか
- ☑ 看取りに対応してくれるか

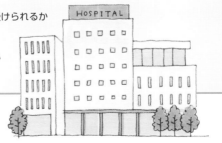

見学時のチェックリスト

周辺環境
- ☐ 最寄り駅や最寄りの高速道路 I C などからのアクセス（徒歩・車、具体的な所要時間）
- ☐ 住まいや施設まで、最寄り駅からバスがあるか
- ☐ 家族や親しい親戚の家からの距離やアクセス
- ☐ 病院や医療機関が近くにあるか
- ☐ 周辺の道路の交通量
- ☐ 階段や坂道が多いか
- ☐ 近隣に商店やコンビニなどがあるか

建物
- ☐ 内装やインテリアは好みに合うか
- ☐ 耐震構造になっているか
- ☐ 非常口は適切な位置にあるか
- ☐ 館内の移動に障害がないか
- ☐ 建物内が明るく清潔か
- ☐ ゲストルームがあるか

食事
- ☐ 食事はどこでとるか
- ☐ 食事の内容
- ☐ 介護食や病態食への対応
- ☐ 食事をどこで作っているか
- ☐ 食事にかかる料金
- ☐ 食事の時間
- ☐ 食事中の見守りなどは十分か

職員
- ☐ 施設長や管理責任者はどんな人物か
- ☐ 責任者と職員のコミュニケーションは良いか
- ☐ 職員の仕事ぶりや雰囲気はよいか
- ☐ 介護や医療に対する方針
- ☐ 職員の離職率
- ☐ どのような専門職がどのくらいいるか

居室
- ☐ 居室の広さ
- ☐ 日当たりや清潔さ
- ☐ 設備がそろっているか
- ☐ 家具などの持ち込みができるか
- ☐ 介護度が上がると居室を移動する可能性があるか

共用施設など
- ☐ 廊下の幅は十分か（車いすがすれ違えるか）
- ☐ 見守りがしやすいフロア構造か
- ☐ 浴室の数と種類
- ☐ 入浴の回数と時間
- ☐ 浴室やトイレの衛生が保たれているか
- ☐ リビングや食堂は十分な広さがあり雰囲気が良いか
- ☐ 共用スペースや動線に、適切に手すりなどが配されているか
- ☐ エレベーターは十分な広さか

生活
- ☐ 1日のスケジュール
- ☐ レクリエーションの内容や頻度
- ☐ イベントの内容や頻度
- ☐ 娯楽やレクリエーションに関する設備の有無
- ☐ レクリエーションやイベントの費用

面会と外出
- ☐ 面会が可能な時間
- ☐ 外出・外泊に関しての制限があるか

その他
- ☐ 施設に入居している人たちの様子
- ☐ 有料で提供されるサービスの種類と料金
- ☐ 入居者の金銭管理はどのように行われているか
- ☐ 飲酒や喫煙への対応

●緊急時の対応を確認する

　高齢者施設の大きなメリットは、高齢者に特有の病気やケガなどによる緊急事態に、適切に対応してくれることです。そこで、いざというときの施設側の対応について確認をしておくことが重要です。見学時に確認しておくべき点には以下のようなものが挙げられます。

- ・緊急通報システムの使い方
- ・施設側の初期対応
- ・病院への搬送など、医療機関との連携
- ・救急搬送時の対応（付き添い、入院手続き、家族への連絡など）

●夜間の職員体制も要確認

　病気による急な発作などは夜間に起こりがちですから、施設の夜間の職員体制が、緊急事態への対応力を左右します。まずは介護スタッフが常駐している体制が求められ、さらに専門的な判断ができる看護師の配置が重要となります。24時間対応で夜間も看護師が勤務していれば、迅速な対応が望めます。ただし、高額な施設や訪問看護事業所を併設しているところ以外では、看護師は日勤で夜間は不在となるため、夜勤の介護スタッフがマニュアルに基づいて対応するのが一般的です。ただし、看護師対応が夜間ON CALLとなっている場合は、夜中でも看護師にすぐ連絡が取れて、適切な指示を仰ぐことが可能となります。

有料老人ホームの緊急時の対応例

健康状態が悪化したとき、緊急事態が発生したとき

スタッフが看護師に連絡

看護師が状況を把握

かかりつけ医に報告し、指示を仰ぐ

緊急性なしと判断した場合

緊急性ありと判断した場合

経過観察

救急搬送が
必要な場合は
119番に通報し、
協力医療機関へ搬送

家族に連絡

看護師、または
ホームスタッフが
医療機関に同行

家族に事後連絡

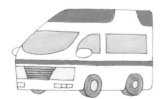

入居先を決定する

入居のための契約は対面で行われます。その際には、必要な各種の書類を準備しておき、前払金は期限までに支払うのが一般的です。

●契約前に必要な手続きと書類

　資料集めから施設見学、体験入居等を経て、納得のいく住み替え先が決まったら、いよいよ入居手続きとなります。施設との契約の前には、いくつかの手続きがあります。施設によって内容や名称が若干異なる場合もありますが、一般的には、まず入居する人の氏名や連絡先、入居の意思を示した「入居申込書」を提出した後、健康診断書の提出により、入居審査を受けます。そして契約時には収入証明書、住民票や戸籍謄本など、施設側が必要とする書類をそろえて提出します。その上で、施設が示す期日までに、前払金を支払います。

●書類の準備と前払金の支払い

　健康診断書は、医療機関によって診断から発行までに1週間以上かかる場合がありますので、できるだけ速やかに用意しておきましょう。収入証明書については、直近に行った確定申告の控えや年金振込の通帳などを用意しておきます。前払金の用意に関しては、すべて自己資金で行う場合は良いのですが、家族からの支援なども含めて支払いをする場合は、施設への支払い期限をしっかりと確認しておき、その期日に間に合うように費用を準備しておきましょう。

●契約は対面で行う

　契約前に必要な手続きを済ませて、契約に臨みます。施設との契約は、原則として対面で行われます。その際には、施設側から提出を求められた書類を持参し、当日、契約内容等を読み合わせた上で、署名・捺印します。なお、契約書には身元引受人や保証人の署名・捺印も必要となるので、できるだけ同席してもらいましょう。契約時には、契約書の内容

に加え、改めて管理規定や重要事項説明書の内容が入居者と施設担当者との間で確認されます。

　契約が終了したら、具体的な入居日について打ち合わせをします。その際には、引越にかかる時間や手間なども考えて、十分に余裕のある日程を組むようにすると良いでしょう。

　なお、入居を希望する施設が満室の場合、入居の申し込みをしておいて、施設に空きが出るまで待つということも可能です。

申し込みから契約までの流れ

ステップ 1
入居の申し込みを行う （申込金が必要なケースもある）

ステップ 2
入所の申し込みを受付 （この段階で希望する居室が押さえられる）

ステップ 3
健康診断書の提出～施設の入居審査を受ける

ステップ 4
契約書を取り交わす

ステップ 5
前払い金を期日までに払い込む

契約時に 必要となる書類 （施設によって異なる）	☑ 戸籍謄本 ☑ 住民票 ☑ 収入証明書　など

不明点があれば、必ず確認すること

入居・引越の手続き

入居予定日が決まったら、スケジュールを立てて引越・入居への準備を始めます。
引越直前で慌てないよう、十分な時間的余裕を持って準備をしましょう。

●住み替えまでの大まかなスケジュールを立てる

　住み替え先との契約が済み、入居予定日が確定したら、引越と入居の準備を始めましょう。元気な人など入居を急がない場合は、契約日から入居日まで１カ月程度の時間的余裕をとるようにし、その上で、入居予定日までの大まかな予定表を作っておくと良いでしょう。そこでは、１カ月前、10日前、３日前など、具体的な日程を明記して、その段階までにやっておくべきことをまとめておきます。要介護の人で速やかな入居が必要なケースでは、施設の入居判定で入居可となれば、まず入居日を設定し、契約はその１週間前くらいに交わすのが一般的です。

●住み替えに必要な各種の事務手続き

　住み替え先への入居の際にやっておくべきことの中でも重要なのが、各種の事務手続きです。たとえば、住民票を移す場合は、住み替え先が今暮らしている住まいと同じ市区町村であれば、引越をした日から14日以内に転居届を役所の窓口に提出しなければなりません。住み替え先が、現在住んでいる市区町村以外の場所にある場合は、まず今住んでいる市区町村の窓口に転出届を出し（転出予定日の14日前から受付）、引越の日から14日以内に、住み替え先の施設がある市区町村の窓口に、転入届を提出します。

　医療保険や介護保険に関する手続きも同時に行います。なお、高齢者施設・住宅へ入居する際、住民票を入居先に移すかどうかは任意ですので、自宅の状況などから判断すると良いでしょう。ただし、要支援で住宅型有料老人ホームやサ高住に住み替える際は、地域包括支援センターのエリアを移動する場合に限り、住民票の移動が必要になります。さらに、

必要に応じて電気・ガス・水道・電話など各社への移転連絡と手続きなども必要です。

●家財の整理や新調も考慮する

　住み替えに当たっては、家財をどのように整理するのかも重要なポイントです。特別養護老人ホームや介護医療院といった、介護保険施設への入居の場合、ベッドなど基本的な家具は施設の備え付けのものとなりますが、有料老人ホームやサービス付き高齢者向け住宅などの場合、入居に際して家具の準備が必要となります。まずは、自分の住み替え先ではどんな家具の準備が必要かを確認した上で、新調するのか、これまで使っていたものを持ち込むかを検討しましょう。自宅から持ち込むものが決まったら、残る家具や荷物をどうするのか考えます。自宅を処分しない場合はそのまま置いておくことも可能ですが、使わないと判断したものは、早めに処分しましょう。自宅を売却する場合は、仲介業者が処分してくれるケースもあります。

　さらに、引越業者の選定と契約、ご近所へのあいさつなどについても、住み替え先への入居日から逆算し、早め早めの手続きをすることがスムーズな入居につながります。

引越・入居までに必要な主な手続きと準備

届け出関係

住民票を移す場合
- [ ] 市区町村への転出届または転居届
- [ ] 市区町村への転入届 (住み替え先が、転居前の市区町村と異なる場合)
- [ ] 医療保険や介護保険などに関する手続き

- [ ] 電気、ガス、水道、電話など各社への移転連絡
- [ ] 郵便局への転送手続き

引越関係

- [ ] 引越業者との契約
- [ ] それまでの住まいの処置 (売却、親族への譲渡、リバースモーゲージ、マイホーム借り上げ制度など)
- [ ] 不要な家具の処分、住み替え先で使う家具等の購入
- [ ] ご近所への転居のあいさつ

入居した後にすべきこと

施設に入居をした後は、まずライフラインやローカルルールの確認を。これから先の生活を快適にするために、隣近所や隣室へのあいさつも大切です。

●ライフラインや非常用設備の状態を確認する

住み替えのための住まい探しから資金の用意、家族への説明、そして実際の転居とさまざまな段階を経て、ようやく高齢者施設へ入居を済ませたら、これから始まる生活のためにやっておくべきことがあります。

まずは、これからの暮らしに欠かすことのできないライフラインの状態を確認しておきましょう。居室の水道やトイレ、照明や電源などについて、すべてが正常に使えるかを確認します。何か不具合があれば、施設の管理者や事業者へ連絡をし、不具合の状態を伝えて修繕してもらわなければなりません。入居後ある程度日数が経ってから不具合の連絡をすると、責任の所在があいまいになってしまいますので、最初に確認をして不具合があればすぐに伝えることが大切です。

ここで見落としてはならないのが、火災報知器や緊急通報システムなどの状態。緊急コールボタンはしっかりと作動するのか、適切な状態なのかを入居直後に一度確認しておきましょう。

●近隣へのあいさつがご近所トラブルを防ぐ

住み替え先の施設が、介護が必要な人向けの特別養護老人ホームでも、自立した元気なお年寄り向けのシニア向け分譲マンションでも、同じ施設で暮らす近隣の人たちとの良好なコミュニケーションは、これからの生活の質に大きな影響を与えます。

自室の両隣はもとより、同じフロアの入居者にはあいさつをしておくことがおすすめです。一般的な住まいと同じように、高齢者施設でもご近所トラブルは、コミュニケーション不足が要因であることも少なくありません。「向こう三軒両隣」へのあいさつが、後々のご近所トラブルを

防ぐことにつながります。

●施設のローカルルールも知っておく

　一般的な集合住宅や町内など地域での生活と同じように、高齢者施設にも、それぞれの施設ごとの慣習やローカルルールがあります。特別養護老人ホームや有料老人ホームなどの施設であれば施設の職員に、シニア向け分譲マンションなどでは管理人や近隣の人などに、その施設ならではのルールやちょっとしたしきたりなどについて、確認しておくことも大切です。

入居後、すぐにやるべきこと

☑ ライフライン（水道・電気・ガス）が適切に通じているか

☑ 非常用設備（火災報知器、緊急通報システム）が適切に作動しているか

☑ 火災の際などの非常口や避難経路の確認

☑ 持ち込んだ家具等が破損していないかの確認

☑ 同一フロア、近隣へのあいさつ

☑ 施設のローカルルールやしきたりなどの確認

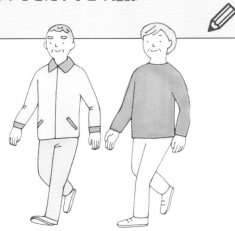

新規オープンのメリットとデメリット

近年、全国でたくさんの高齢者施設が新規オープンしています。しかし新規施設
にも既存の施設にも、それぞれにメリットとデメリットがあります。

●新しい施設はすべて良い？

　高齢者施設を選ぶ際、住み替え先の施設が新規オープンなのか、既存
のものであるのかは、関心の高いところでしょう。高齢者施設に限らず、
住まいについて住み替える人の立場に立てば、中古の戸建て住宅やマン
ションよりも、新築のもののほうが好まれるのはいうまでもありません。
しかし高齢者施設については、新規オープンであればすべてがより良い
というわけではなく、メリットもデメリットもそれぞれあります。

●すべてが一からのスタートとなる新規施設

　介護保険施設にしても、有料老人ホームやサービス付き高齢者向け住
宅、シニア向け分譲マンションにしても、新規オープンの施設の魅力は、
「すべてが一からのスタートである」ことです。このため、建物や設備は
すべて新しくてきれいですし、そこで働くスタッフも、新鮮な気持ちに
あふれ、やる気に満ちていることでしょう。また、入居する人の立場で
考えると、すべての人が新規の入居となりますので、人間関係を一から
作ることができるという点も、大きなメリットです。

　一方で、こうした新規施設のデメリットは、上記のメリットの裏返し
となります。建物や設備が新しいということは、そこで働くスタッフた
ちからすると、使用や操作に不慣れということであり、施設運営に必要
な情報の共有が十分になされていないこともあります。スタッフも新規

に集められたチームである以上、想定外の出来事への対応力は、長年サービス提供をしている既存の施設に比べれば低くなることが否めません。また新規オープンの施設では、その施設での生活やサービスレベルが見えにくいという不安要素もあります。

●サービス経験が豊富な既存の施設

それでは、運営年数が長い高齢者施設にはどのようなメリットとデメリットがあるでしょうか？ こうした施設の場合、最大の魅力は「サービス経験が豊富である」ということです。運営年数が長い、つまり施設が古いほど熟練して業務に精通したスタッフが多いですし、それまでの多くの経験からさまざまなケースへの対応力も高いといえます。また、すでにその施設が多くの人の暮らしの場として長い時間を有していますので、入居者の顔や生活が見えやすいといえます。

一方でデメリットは、建物や設備が古い、従来通りのサービスなどに固執しがち、入居している人たちの人間関係がすでに出来上がっているといった点が挙げられます。

新旧の高齢者施設のメリットとデメリット

新しいホーム

メリットは？

・新規の建物と設備なので、新しく清潔感がある
・入居者同士の人間関係を一から作ることができる
・職員もフレッシュでやる気に満ちている
・運営者に新しいサービスなどへの意欲がある

デメリットは？

・職員が施設や設備に十分慣れていない
・入居者の生活や提供されるサービス内容が見えにくい
・問題解決や緊急時対応に熟練していないことも

既存のホーム

メリットは？

・職員に熟練した人が多く、安心してサービスをまかせることができる
・入居者の暮らしの様子をよく見ることができる
・日々の問題解決や緊急時の対応力などが高い

デメリットは？

・建物や設備などが古く最新ではない
・入居者同士の人間関係が出来上がっており、排他的なことも
・サービスやイベントなどについて、職員の対応が保守的な場合もある

大企業系か小規模事業者か

経営母体が大企業の施設のほうが、小規模事業者よりも安心と思われがち。しかし先入観にとらわれることなく、それぞれの特徴を理解することが重要です。

●施設の事業規模や経営母体による違い

高齢者施設を選ぶ際に、念頭に置いておきたいチェックポイントのひとつが、事業の経営母体です。現在、高齢者施設の運営には、医療法人や社会福祉法人だけでなく、不動産会社や食品会社、出版社などさまざまな民間の大企業が参入しています。こういった高齢者施設は、多くの場合、事業規模が大きく、複数の施設を運営しているのが一般的です。これに対して大企業の経営母体を持たず、地元の介護事業者等が地域で少数の施設を運営している地域に根差した小規模の事業体も少なくありません。

●大企業イコール安心とは限らない

多くの場合、大企業の経営母体を持つ施設の方が、小規模事業者の施設よりも社会的な信用が高く、安心できると考えられがちです。そういった見方は、間違ったものではありません。しかし必ずしも、「大企業が経営母体だから安心」というものではないのです。

経営母体が大企業であっても、事業譲渡されたという事例もあります。だからこそ施設の経営母体は、あくまでも施設選択のチェック項目のひとつにすぎないと考え、施設そのものの運営状況や、職員の質などを見極める必要があります。

●財務諸表なども確認する

大企業が経営母体の施設のメリットは、基本的には安定的な事業経営であり、施設の規模の大きさやグレードの高さでしょう。スタッフや専門職など人材の確保や配置についても、大企業系施設のほうが比較的安定的です。一方で、費用が高額であるほか、経営母体の他事業の経営悪

化が、施設の運営に影響を与える可能性があるというデメリットもあります。

　小規模事業者の施設は、経営の安定性は一歩譲りますし、施設規模や充実度もそれほど高くないかもしれません。人材確保に苦労をしている施設も少なくありません。しかし小規模だけに、サービス提供について臨機応変な対応がしやすいというメリットがあります。また、職員はもちろん経営者の顔も見える、アットホームな雰囲気や地域に根差した事業運営なども、小規模事業者のメリットです。

　このように経営母体の大小は、必ずしも施設の運営状況を左右するものではありません。そこで、経営母体の大小に関わりなく入居を検討する際には、施設見学や体験入居と併せて、事業主の公表する財務諸表、入居率や退去率などもしっかりと確認することが大切です。

施設の経営母体によるメリットとデメリット

	メリット	デメリット
経営母体が大企業の施設	安定的な事業経営、施設の規模の大きさやグレードの高さ、スタッフや専門職など人材の充実	価格が高額、経営母体の他事業の経営悪化の影響など
小規模事業者の施設	アットホームな雰囲気、臨機応変な対応がしやすい、経営者の顔が見える、地域に根差した事業運営	経営の安定性・施設の規模や充実度は大企業系法人よりも低い、人材確保が難しいなど

病院が併設されているほうが安心？

高齢者施設には、病院や診療所などの医療機関と一体あるいは併設された施設もあります。それ以外の施設でも、訪問診療等の活用で医療の安心が得られます。

●医療機関と一体化した介護療養型医療施設や介護医療院

高齢者施設の中には、病院や診療所など医療機関と一体化あるいは併設されたものがあります。施設と医療機関が一体化したものの代表が介護療養型医療施設や介護医療院です。これらの施設は医療法人が運営し、病院の敷地内などで、医療施設と一体化して設置されていることが多いものです。ですから、介護療養病床や介護医療院は、"住まい"というよりも、長期にわたって高齢者が療養する施設という位置づけです。

●ケガや病気の際の受診のしやすさが最大のメリット

本来の意味での"住まい"としての施設である有料老人ホームやサービス付き高齢者向け住宅の中にも、医療法人が事業所であったり、病院や診療所が併設されていたり、同じ敷地内に医療機関があるというスタイルの施設があります。

入居者の立場から見ると、こうした医療機関を併設した高齢者向け施設の最大のメリットは、「ケガや病気になった場合に通院がしやすい」「かかりつけ医がそばにいるので安心できる」ということです。ただそばにあるというだけでなく、どのような対応ができるのかが重要ですから、協力体制についての確認が必要です。

併設している、あるいは協力契約をしている医療機関は、必ずそこを利用しなければならないというわけではありません。日本の医療はフリーアクセスですから、入居前に受診していた医療機関に入居後も通院を続けても問題はありません。ただし、施設内で緊急事態が発生した際に適切で迅速な医療対応を望むなら、協力医を受診しておいたほうが良いでしょう。

●在宅医療を活用することを考える

　住み替え先の施設が医療法人による運営であったり、病院や診療所を併設していなくても医療の安心がないというわけではありません。特別養護老人ホームには配置医師がおり、有料老人ホームは、必ず協力医療機関と協力契約を結んでいます。それ以外の施設でも、医療機関としっかりとした連携をとっているところは少なくありません。また近年は、高齢者が住み慣れた地域で暮らし続けることを支える、「地域包括ケア」という考え方が普及し、訪問診療などを行う医療機関も増えています。このため、運営法人の種類にこだわるよりも、その施設が医療について、どのようなサービスや連携体制、サポートをしてくれるのかを見極めることが大切です。

医療法人が運営する施設のメリット・デメリット

メリット	デメリット
●ケガや病気の際に受診しやすい ●入院が必要になったときも迅速に対処できる ●リハビリに強い ●介護と医療の連携がとりやすい	●サービス業意識が低く、生活の快適度が劣る ●施設やしつらえが病院的で、温かみに欠ける ●医療機関を自由に選択しづらくなる

施設の運営状態

> 住み替え先を"終の棲家"として安定的な生活を送るためには、施設の運営状態を
> 事前にしっかりと確認し、倒産や退去のリスクを避ける必要があります。

●事業者の倒産や施設からの退去などのリスクを防ぐ

住み替え先の施設を"終の棲家"と考えた場合、運営する事業者の財務状況や施設の運営状態は、入居検討時に必ず確認しておきたい重要なポイントです。万が一、経営状況の良くない事業者の運営する施設に入居した場合、運営事業者が変わってサービスの質が低下したり、最悪の場合は事業者の倒産によって、退去を求められることも考えられます。このようなリスクを避けるためにも、住み替え先となる施設の運営状態、そして事業者や経営母体の財務状況の事前確認が必須なのです。

●決算書を公開しているかをチェック

施設の運営状態を確認するための基本的な資料となるのが、決算書です。決算書とは、一定期間の経営や財産の状態を示したもので、「財務諸表」や「計算書類」とも呼ばれます。施設への住み替えを検討する際には、パンフレットや重要事項説明書などと併せて、決算書も見せてもらえるよう請求しましょう。

厚生労働省は、「有料老人ホームの設置運営標準指導指針」で、「有料老人ホームの経営状況・将来見通しに関する入居者等の理解に資する観点から、事業収支計画についても閲覧に供するよう努めるとともに、貸借対照表等の財務諸表について、入居者等の求めがあればそれらの写しを交付するよう配慮すること」

としています。

　逆にいえば、財務諸表などの決算書を入居希望者に公開しない事業者は、その時点で情報公開に前向きでない事業者であり、住み替え先の候補としての優先順位を下げるべき対象であるといえるでしょう。

●**決算書では営業利益と自己資本率をみる**

　貸借対照表や損益計算書などの財務諸表は、見慣れていないとわかりにくく、見方が難しいと感じるかもしれません。必ず確認しておくべき最低限のポイントは、以下の2点です。

　　1. 年度ごとの営業利益が低下していないか
　　2. 自己資本比率が極端に低くないか

　これらについて、直近で大きな変化がないかを確認しておきましょう。自分でチェックするのが難しい場合は、会計や経理の専門家に見てもらうと良いでしょう。

　その他にも、入居率、前年度の退去者数と退去理由、前年度の職員の退職者数なども、施設の運営状態を示すものとなります。

施設の運営状態を示す情報

決算書の確認

- 貸借対照表、損益計算書などの財務諸表を公開しているか？
- 営業利益は減少していないか？
- 自己資本比率が極端に低くないか？

その他のデータの確認

- 入居率／施設オープンから数年経っているのに入居率が極端に低い場合、施設に何らかの問題があるかも
- 退去者数／入院・死亡以外の退去者数が多い施設は、注意が必要
- 職員の離職率／職員の離職率が高い施設は、労働環境が良くないケースもあり、ひいては入居者に対するサービスの質が低い可能性も

重要事項説明書のここをチェック

高齢者施設選びや契約で、最も重要となる情報が記載されているのが重要事項説明書です。内容をしっかりと確認し、疑問点を明らかにしておきましょう。

●重要事項説明書とは？

「重要事項説明書」は、その施設を運営する事業者の概要、提供するサービス内容、設備、職員の体制、費用など、施設と入居に係わる重要な情報をまとめたものです。

有料老人ホームや介護施設等は、それぞれの施設で必ず重要事項説明書を作り、サービス提供を望む人に、それを示さなければなりません。このため、住み替え先となる高齢者施設と契約を結ぶ際、事業者は入居希望者との間に重要事項説明書の書面を交わし、記載内容を口頭で明確に説明することが義務付けられています。

●重要事項説明書は早期に入手し熟読しておく

重要事項説明書は、入居を希望する人が施設を選ぶための最も重要で基本的かつ詳細な情報源です。このため必ず、住み替え先の候補となる施設選びの段階で、早期に入手し、熟読しておくことが大切です。

まれに、入居先を探している段階（その施設との契約を前提としていない段階）では重要事項説明書を見せたがらない施設もあります。そのような施設は、情報公開に前向きでないことはもちろん、入居希望者に事前に知られたくない情報がある可能性が高いので、住み替え先の候補から外すことも考えましょう。

なお、有料老人ホームについては、必ず重要事項説明書を都道府県もしくは権限譲渡された市区町村に提出する必要があると同時に、それぞれのインターネット上のホームページで公開しているところもあるので、仮に施設が公開を渋るような場合でも、自分で調べて確認することが可能です。

●内容が詳細な施設ほど信頼できる

　重要事項説明書を見る上で重要なのは、どれだけ詳細に施設の情報が記されているかということです。たとえば、介護付き有料老人ホームであれば、利用料は居住費、管理費、介護サービス費、その他の費用など、その科目は複数にわたり、しかも居室のタイプが複数あるような場合、それぞれで料金が異なってきます。こうした情報が細かく記載されているほど、透明性の高い施設であり、情報開示に前向きな施設、ひいては入居者に誠実な施設ということにもつながるのです。

●重要事項説明書でチェックすべき重要ポイント

　重要事項説明書の内容で、まずチェックしておくべき項目は、「サービス内容」と「職員体制」です。サービスは目で見てチェックできませんから、どんな職種のスタッフが何人いて、どのようなサービスを提供するのかを書面でしっかり確認します。協力医療機関、具体的な協力の内容も示されていますので、しっかり見ておきましょう。

　さらに重要な部分が、「入居に当たっての留意事項」です。中でも、施設からの契約解除の条件と、要介護時における居室の住み替えに関する事項は、住み替え後の生活にとってたいへん大きな影響を与える項目ですから、しっかりと読み込み、内容に不明点や疑問点があれば、施設に問い合わせて確認しましょう。

　たとえば、契約解除の条件でよくみられるものに、「入居者の行動が他の入居者や従業員の生命に危害を及ぼす恐れがあり……」という一文があります。この場合、ここでいう「生命の危害」とは具体的にどの程度のものなのか、「恐れ」というのはどのような状態なのか、とてもあいまいです。こうした場合は、具体的な判断基準や事例を示してもらうことで、理解がしやすくなり、入居者と施設との間の認識のすれ違いや理解の齟齬も防ぐことができます。

有料老人ホームの重要事項説明書の内容

① 事業主体概要 ◀ 記入者、所属先名、更新年月日のほか、ホームを運営する法人の所在地、種類、連絡先、会社設立日、その会社の主な事業内容等が記されている

② 有料老人ホーム事業の概要 ◀ ホームの名称、所在地、管理者に関する情報、連絡先、事業開始年月日等が記されている

③ 建物概要 ◀ 入居する建物の概要（規模、構造、所有者等）と、居室の仕様や共用施設についてが記されている

④ サービスの内容（全体の方針） ◀ ホームの運営方針やサービスの内容が記されている。外部に委託するサービスについては、委託先が記されている

サービスの内容（介護サービスの内容と医療連携の内容） ◀ 介護付きホームの場合、介護サービスの内容と、医療連携の内容が記されている

サービスの内容（入居後に居室を住み替える場合） ◀ 入居後に居室を住み替える場合の判断基準や手続き方法、追加費用等が記されている

サービスの内容（入居に関する要件） ◀ ホームに入居する条件や解約条件が記されている

⑤ 職員体制（職種別の職員数、資格を有している介護職員の人数など） ◀ ホームで働く職員の職種と人数の内訳が記されている

職員体制（特定施設入居者生活介護等の提供体制、職員の状況） ◀ 特定施設入居者生活介護等の提供体制（利用者ひとりに対する介護、看護職員の比率）と職員の状況（職員の採用時期、勤続年数など）が記されている

6	利用料金 （利用料金の支払い方法）	◀	ホームに住む権利の種類や利用料金の支払い方法、条件が変わった際の費用など、費用に関する条件が記されている
	利用料金 （利用料金プラン、利用料金の算定根拠）	◀	ホームの利用料金のプランが記されている
	利用料金 （前払金の受領）	◀	入居する時点で前払金を支払う場合、前払金の具体的な内容が記されている

| **7** | 入居者の状況
（入居者の人数） | ◀ | ホームの入居者人数、性別、年齢、要介護度、入居期間など、入居者の状況が記されている |
| | 入居者の人数
（入居者の属性、前年度の退去者の状況） | ◀ | 入居者の属性と前年度の退去者の状況が記されている |

| **8** | 苦情・事故等に関する体制 | ◀ | 入居者からの苦情や事故などに対応する窓口、事故が起きたときの対応、事故防止策、第三者による評価の実施状況について記されている |
| | 入居希望者への事前の情報開示 | ◀ | ホームの契約書や経営状況などの資料を、希望者にどのような形で公開しているかが記されている |

| **9** | その他 | ◀ | 運営懇談会、個人情報保護、緊急時の対応、指針に合致していない項目など |
| | 重要事項説明書説明後の署名欄 | ◀ | 重要事項説明書説明後に署名する欄が記されている |

身元引受人はどうする？

高齢者施設への住み替えには、身元引受人や連帯保証人が必要になります。一般的には入居者の親族がなりますが、保証会社や身元引受（保証）サービス等の利用で対応するケースもあります。

●入居に必要な身元引受人や保証人

高齢者施設に入居するには、多くの場合、身元引受人が必要になります。身元引受人は、入居者と施設の間で、緊急時の連絡先、入居者が治療を受ける場合の治療方針の判断や入院する際の手続き、月額費用の支払いが滞った時に債務履行を負う連帯保証、入居者が亡くなったときの身柄の引き取り、未払債務の清算などの役割を担います。

●身元引受人と連帯保証人の違い

本来、身元引受人とは、判断能力を失った入居者本人に代わって、入院や治療方針の判断を下したり、入居者が亡くなった後の身柄や荷物の引き取りを担う人をいいます。一方で連帯保証人とは、支払い債務の連帯保証を担います。多くの場合、身元引受人や連帯保証人の役割を厳密には分けず、これらの責任をすべて担う人を、「身元引受人」と呼ぶのが一般的です。

通常、身元引受人をひとり立てることを求める施設が多いですが、身元引受を担う「身元引受人」と、経済的な債務の保証を担う「連帯保証人」を、それぞれひとりずつ立てることを求める施設もあります。

●親族になり手がいなければ保証会社も

身元引受人や連帯保証人になる人の要件と、担うべき役割については、重要事項説明書に「身元引受人等の条件、義務等」といった項目で明文化されており、多くの場合、入居者の親族がなります。その際、連帯保証人の役割も担う場合には、利用者の支払いが滞った際に、代わって支払いをすることができる支払い能力のある人である必要があります。また、施設によっては、身元引受人となる親族の範囲や年齢など、細かい

要件を定めている場合がありますので、事前に確認しておく必要があります。

　身元引受人になってくれる親族がいない場合、身元引受人・連帯保証人の役割を代行してくれる、保証会社や身元引受（保証）サービスを利用します。その場合、料金は契約時に一括して支払う、あるいは初期費用と月額費用に分けて支払う場合があります。利用する際にはサービス内容を十分にチェックし、入居先にも事前に申し出て、そこの要件をクリアできるのかを確認しておきましょう。

　また、成年後見人をつけている場合、後見人は身元引受（保証）人にはなれませんが、同等の役割を担えるという判断で契約可能なところもあります。

身元引受人・保証人の役割

- **本人に代わっての意思決定**
  認知症などで本人の判断能力が低下した場合、治療方針やケアプランの変更などについて、意思決定を行う

- **生活上の各種手続き**
  入院・退院の手続き、支払い手続き、年金や保険などに関する行政関係手続きなどを、本人に代わって行う

- **緊急時の連絡先**
  事故やケガが発生した際、容態の急変で救急搬送されたときなどの緊急時に連絡が入る。その際は、速やかに駆けつけて対応をする

- **連帯保証**
  月額利用料の支払いなどが滞った場合は、保証人が債務を負う

- **身柄の引き取り**
  入居者が退去する際や亡くなった場合、身柄を引き取る。その際の手続き、私物や遺留品の引き取り、未払い分の清算、居室の原状回復も行う

入居者の状態が変わったときは？

ケガや病気による健康状態の変化のリスクは、常に身近な問題。そのような場合に、施設がどのように対応するのかを、事前に確認することが重要です。

●施設がどのように対応するのかを事前に確認

　住み替え先の高齢者施設を"終の棲家"とすれば、入居した後、年を経るごとに健康上のリスクが高まり、介護が必要になったり、あるいはすでに介護が必要な人であれば要介護度があがったり、認知症を発症したりするということも十分に考えられます。

　このように、入居した人の状態が変わった場合、施設がどのように対応するのかについて、必ず事前に確認しておく必要があります。そうでないと、入居者本人は病気になってもそこに住むつもりでいたのに、状態が変わったことが原因で、施設から退去を求められてしまうといった可能性があるためです。

●認知症の周辺症状や医療行為にどこまで対応できるか

　入居してから認知症が進行し、部屋を間違えるなどの混乱や徘徊などの症状が出てきた途端、「ここでの生活は無理」と退去を迫られることもあります。建物の間取りやセキュリティ、見守り体制なども含めて、入居する前にそこでどんな症状まで暮らせるのかを確認しておきましょう。

　条件が整えば施設で可能な吸引や経管栄養などの医療行為についても、看護体制や医療連携の状況から、どういった行為まで対応可能なのか具体的に聞いておく必要があります。

●重要事項説明書の記載を元に、具体的な情報を集める

　入居者の状態が変わった場合の施設側の対応については、重要事項説明書の「入居に当たっての留意事項」という項目にある「事業者からの契約解除」や「入院時の契約の取り扱い」、あるいは「要介護時における居室の住み替えに関する事項」といった項目で、事前に確認できること

もあります。たとえば、要介護時における居室の住み替えに関する事項では、入居者の介護状態が進行した場合の、介護居室への移動について、判断基準や手続き、利用料金の変更や従前の居室との設備や仕様の変更、居室の権利の移動、提携ホームへの転居の有無などについても明示するようになっています。

　なお、重要事項説明書のこれらの項目には、たとえば「より適切な介護等のため必要であるとホームが判断する場合に、事業者指定の医師の意見を聞くとともに、入居者本人又は身元引受人等の同意を得た上で、一定の観察期間を経たのち、居室を変更することがある」などと書かれているのが一般的です。これを読むと、「より適切な介護」や「一定の観察期間」など、内容表現がどうしてもあいまいです。その場合、これまでの事例を挙げてもらうなど、できるだけ具体的な情報を、施設から聞き出しておくと良いでしょう。

● **「看取り」までしてもらえるかも確認**

　住み替え先を"終の棲家"と考えると、その施設でいわゆる「看取り」をしてもらえるのかも、あらかじめ確認しておく必要があります。近年、介護保険制度の特定施設になっている介護付き有料老人ホームでは、入居者の看取りまで行う施設が増えています。しかし、病状が進んで死期が近くなると、医療機関へ入院し、そこで最後を迎えなければならない高齢者施設もあります。積極的な医療による延命治療を希望しないのなら、入居した施設で看取りまで対応できるかもしっかりと確認しておきましょう。

重要事項説明書にある入居者の状態変化に関連する項目
- -

● **入居に当たっての留意事項**
　▼事業者からの契約解除　▼入院時の契約の取り扱い
● **要介護時における居室の住み替えに関する事項**
　▼介護居室への移動　▼居室の権利の移動

制度や施設の料金が変わった場合はどうなる？

介護サービス費は制度改正の影響により、管理費や食費などは人件費や食材費高騰での値上げも考えられます。その際の対応についても確認しておきましょう。

●3年に1度改正される介護保険制度

　高齢者の住まいに関わりの深い介護保険制度は、3年に1度制度の見直しがあり、これによって介護サービスの利用料金が変わることがあります。これに伴い、介護保険に基づいた介護サービスが月額利用料金に含まれる、介護付き有料老人ホームや介護保険3施設、介護医療院、グループホームなどの月額費用が多少ながら変わることがあります。また介護保険制度における介護サービスの料金には、サービスそのものの基本的な料金に加えて、さまざま「加算」があります。このため、その施設が新しく加算に該当するサービス提供を加えた場合、介護サービス費用がその分アップし、わずかですが月額費用が増加するということもあるのです。

●外部サービス利用の施設・住まいも影響を受ける

　住宅型有料老人ホームやサービス付き高齢者向け住宅、シルバーハウジングなど、介護サービスを提供しない施設・住宅では、そこで暮らしながら外部の介護サービス事業者と契約をし、介護保険に基づいた介護サービスを利用している場合、介護事業者へ支払う費用は、介護保険制度改正に基づいて変更されることになります。このように、どのようなタイプの高齢者施設・住宅で暮らしていても、介護保険サービスを利用していれば、3年ごとの制度改正による介護サービス費変更の影響は受けることになります。

●家計に余裕を持てる住まい・施設選びを

　制度改正による介護費用の変更よりも、大幅な価格変更が考えられるのが、月々の居住費や食費等の値上げです。人件費の高騰や食事の材料

費アップとなどがその理由となりますが、通常は半年ほど前に、施設の「運営懇談会」で値上げ理由の説明やそれに対する答申などがなされ、入居者の合意を得た上で値上げされるのが一般的です。ただし、施設によって対応のしかたが異なる場合もあるので、契約前に確認しておきましょう。

　こうした制度改正や物価変動、社会情勢の変化による月額費用などの見直しはあるものと考えて、入居後も資金に余裕を持てる、住まい・施設選びをすることが大切です。

施設料金が変わるとき

原因 介護保険制度の改正・人件費や食材費の高騰など

⬇

施設側が月額費用等の変更を検討

⬇ （料金変更の約半年前）

運営懇談会等での利用者への説明・答申

⬇

入居者（家族）の合意

⬇

料金の変更

⬇

長期的には、料金の変更は避けられない！

**金銭的に余裕を持った家計を維持できる、
住まい・施設選びが重要**

請求金額が事前説明と違うときは？

> 入居後、月々支払う費用は、施設ごとに含まれるサービス内容によって異なります。利用ごとに加算されていくサービスもあるため、詳細な確認が必要です。

●パンフレットの月額表示は、含まれる項目に注意

　高齢者施設を探し、比較・検討する際の基本ともいえる資料請求。手元に届くパンフレットは、各施設をアピールする広告でもあり、その長所がより強調されるものです。月額料金も例外ではなく、入居の決め手となる魅力的な金額が目立つように提示されるケースも少なくありません。実際、消費生活センターなどに寄せられる苦情・相談では、介護施設でのトラブルとして「費用に関するもの」が多くみられます。

●事前に「重要事項説明書」まで確認する

　月額料金は入居者各人が利用するサービスによって異なります。個人のライフスタイルを基にサービスを選ぶため、料金が画一的でないのは当然で、パンフレットの月額表示は一例ととらえることが大切です。チラシやパンフレットなどの広告表示は、ガイドラインによって誤解・誤認を回避する取り組みもされていますが、細かな注釈や規定の詳細は見落としがち。面倒でも、事前に「重要事項説明書」まで確認することが必要です。また、入居後どういう生活を送りたいのかを具体的に施設に伝え、自分にとって必要な大体の費用を提示してもらうと良いでしょう。

●必要に応じてサービスの見直しも

　事前の確認で利用サービスの項目や金額に納得しても、入居してから思ったより請求金額が高いと感じたり、先々の支払いが不安になるよう

な場合は、施設に対して、率直なところを相談してみましょう。大切なのは、請求の項目や単価を把握すること。施設からの請求金額の明細をチェックし、利用しているサービスが本当に必要なものか、その利用回数が適切かなどを検討します。介護保険では補えないオムツ代や、その他日用品、レクリエーション参加料など、利用に応じて加算される費用もあるため、削減できる項目や出費を抑える方法がないかなど、必要に応じて専門家にアドバイスを求めるのも方法のひとつです。時間の経過とともに、個人の体調やライフスタイルは変化しますので、サービスなど定期的に見直すことも大切です。

有料老人ホームをめぐる消費者相談の実態

○相談内容別ごとの相談件数

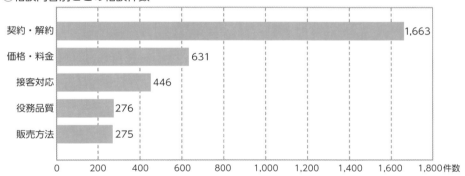

契約・解約	1,663
価格・料金	631
接客対応	446
役務品質	276
販売方法	275

○相談内容別の年度別割合の推移

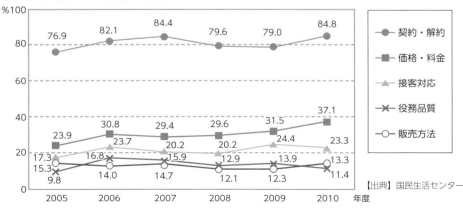

【出典】国民生活センター

請求金額が事前説明と違うときは？

契約内容と実際のサービス内容が違うときは？

いざ入居したものの、契約内容とサービス内容が違うと感じたら、まずは契約書や重要事項説明書を再確認し、管理者に訴えます。

●事実関係を証拠として行政窓口等に相談することも

　実際に高齢者施設に入居したものの、入居前の説明と実際のサービス内容が違うというトラブルがあります。たとえば、「職員の数が、基準で定められている数よりも少ない」「入浴回数が、決められている回数よりも少ない」といったトラブルです。

　このように、明らかな法令違反や契約違反の場合は、その事実関係をきちんと記録し、証拠とした上で、担当行政の窓口に相談することができます。

●認識の齟齬やすれ違いが原因のケースもある

　しかし、入居者が「契約内容とサービス内容が違う」と感じるトラブルでは、事業者側と入居者側の認識の違いや、思い込みが原因である場合も少なくありません。たとえば、よくあるトラブルとして先に挙げた「説明された月額費用と実際の請求額が大きく違う」といったケースでは、施設としては「契約書や重要事項説明書に明記して、説明してある」と認識している場合でも、入居者としては「そのような説明は、聞いていない」といった、すれ違いが原因であったりするのです。

　こうしたお互いの理解の食い違いを防ぐためには、施設見学や体験入所、あるいは契約時に、細かい料金やサービス内容まで、しっかりと具体的に確認しておくことが重要です。それに加えて、契約書や重要事項説明書を徹底的に読み、条件や金額、サービス内容などについて、細かい点まで目を通し、疑問な点や不明確な点があれば、一つひとつ事業者に確認し、明確にしておかなければなりません。

●まずは契約書や重要事項説明書を確認する

事業者側の明確な法令・契約違反にしても、あるいはお互いの認識の違いが原因だと思われることでも、「契約内容とサービス内容が違う」と思ったときには、その疑問や不信感が客観的なものであるのかを確認しましょう。まずは契約書や重要事項説明書を、改めてしっかりと読み込むことが最も重要です。

その上で、やはり契約内容と違うということが確認できたら、施設の責任者に直接訴えることで、問題が比較的早く解決できることもあります。それでも問題が解決しないのであれば、施設の運営会社の苦情相談窓口に、さらには地方公共団体の窓口等へ相談するという方法もあります。重要事項説明書やパンフレット、ホームページなどに、「苦情窓口の連絡先」が掲載されていますので、確認しておきましょう。

契約内容とサービス内容が違うと感じたら

契約書や重要事項説明書の、関連する項目をていねいに再確認する

↓

施設の責任者に契約と違うと感じている点を直接訴える

↓

それでも改善しない場合は、施設運営会社の苦情相談窓口に、直接苦情を申し入れる

↓

施設運営会社とのやり取りで解決されない場合は、地方公共団体の窓口などに相談する

こうしたトラブルを未然に防ぐためにも、契約・入居をする前の、情報収集や施設見学、体験入居、契約前の面談などで、できるだけ詳しく、細かい点までサービス内容や費用等について確認をし、明確な答えを得ておくことが大切!

親が施設から出たいと言ったら？

本人の意思と客観的状況から「出たい」理由をまず明らかにして、出なくてよい対策を見つけることが先決です。

●環境・サービスなど、施設に不満が生じる場合も

さまざまな苦労を経て、せっかく入居できた施設でも、退去せざるを得なくなるケースもあります。入居者の心身状態の変化に対応できなくなるほか、入居してみて「自分には合わない」と感じる場合もあるでしょう。これは情報収集や検討が不十分で、自分に合った施設を探しきれずに、入居を決めてしまうことが原因のひとつです。実際、入居してからほかの施設へ転居しているケースも見られます。

●施設を出たい原因は、施設と一緒に解決を試みる

入居後に「施設を出たい」「家へ帰りたい」という話が出たら、その理由を確認しましょう。原因を解決するのは難しいかもしれませんが、まずは施設のスタッフや運営会社に相談することが重要なポイント。施設の生活相談員やケアマネジャー、施設長などは、大勢の利用者に対してさまざまな問題を解決するプロといえます。そのためにも、入居前にトラブル事例や対処法などを詳しく聞いておく必要があるのです。

●退去・転居とならないように、十分なチェックと検討を

どうしても解決できない場合、自主的な退去を検討することになります。要介護の人の場合、自宅に戻ることは生活上難しいですから、ほかの施設への転居を考えます。しかし、また住み替え先を探さなければなりませんし、入居者本人にも環境の変化による影響が及びます。さらなる住み替えは本人にも家族にも大きな負担となるので、そうならないよう「本人に合うか」「ずっと住み続けられるか」のチェックと検討を十分に行って入居することが、何より肝心です。

各施設の退所者における退所先

○特別養護老人ホームの退所者における退所先（平成27年度）

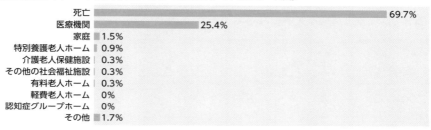

死亡	69.7%
医療機関	25.4%
家庭	1.5%
特別養護老人ホーム	0.9%
介護老人保健施設	0.3%
その他の社会福祉施設	0.3%
有料老人ホーム	0.3%
軽費老人ホーム	0%
認知症グループホーム	0%
その他	1.7%

○軽費老人ホームの退所者における退所先（平成27年度）

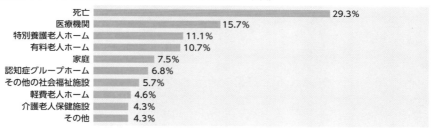

死亡	29.3%
医療機関	15.7%
特別養護老人ホーム	11.1%
有料老人ホーム	10.7%
家庭	7.5%
認知症グループホーム	6.8%
その他の社会福祉施設	5.7%
軽費老人ホーム	4.6%
介護老人保健施設	4.3%
その他	4.3%

○有料老人ホームの退所者における退所先（平成27年度）

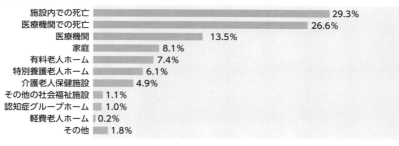

施設内での死亡	29.3%
医療機関での死亡	26.6%
医療機関	13.5%
家庭	8.1%
有料老人ホーム	7.4%
特別養護老人ホーム	6.1%
介護老人保健施設	4.9%
その他の社会福祉施設	1.1%
認知症グループホーム	1.0%
軽費老人ホーム	0.2%
その他	1.8%

○認知症高齢者グループホームの退所者における退所先（平成27年度）

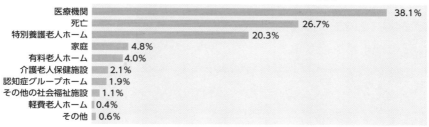

医療機関	38.1%
死亡	26.7%
特別養護老人ホーム	20.3%
家庭	4.8%
有料老人ホーム	4.0%
介護老人保健施設	2.1%
認知症グループホーム	1.9%
その他の社会福祉施設	1.1%
軽費老人ホーム	0.4%
その他	0.6%

【出典】独立行政法人福祉医療機構「平成28年度 施設・居住系サービス事業者運営状況調査報告書」

親が施設から出たいと言ったら？

他の入居者とトラブルがあったときは？

施設は生活の場でもあり、世にいう"ご近所トラブル"のように、人間関係のトラブルがつきものです。大事にならないよう、早めの解決を心がけましょう。

●施設では思いもよらないトラブルが起こりがち

施設を選ぶとき、多くは"快適な暮らし"に重点を置き、整った住環境を求めるものです。しかし実際には、見知らぬ人と共同生活を送るため、人間関係を発端としたトラブルが珍しくありません。性別の違いや年齢差はもとより、入居までの生活環境や社会的立場、価値観なども異なります。協調性に乏しかったり、自己中心的な要因もありますが、高齢者は頑固になる傾向から、対人トラブルが起きやすいといわれています。また、認知症など個々の症状がトラブルを引き起こす場合もありますし、近年では恋愛やセクシャルな問題が見過ごせない点も指摘されています。

いずれにしても、トラブルから心理的被害やケガを負わせるなどに発展すると、退去勧告につながる場合もあります。

●対人関係のトラブルも、施設で可能な限り対応してくれる

入居者同士のトラブルは"個人の問題"と思うかもしれませんが、当事者はもちろん家族だけでの解決には限界があります。トラブルが周囲にも影響して大事に至れば、施設全体の問題に発展しますから、スタッフも当事者同士が顔を合わせる機会を減らすなどの対処を考えます。そのためトラブルに気づいたら、いち早く施設に相談しましょう。親が施設に入居しているなら、日頃から本人の悩みや不安を聞き出すよう心がけます。その上で十分に様子を把握し、客観的な判断をスタッフに報告するのがポイントです。

●家族のコミュニケーションが予防策になることも

施設でのトラブルは、家族と離れて暮らす孤独感が一因ともいわれています。家族の訪問は入居者の癒しとなり、トラブルに巻き込まれてい

ても話を聞いてもらえるだけでストレスの軽減につながる場合もあるでしょう。入居後も施設に任せきりにせず、家族としての役割を果たすため、本人とのコミュニケーションをしっかりと取り、トラブル防止に努めることも大切です。

施設で起こりやすいトラブル

1 陰口・いじめ

● いわれのない悪口
● 無視される
● つらく当たられる
● 喧嘩やいい争い

2 恋愛のもつれ・セクハラ

● 恋愛の末の関係悪化
● ストーカー化
● スタッフにいかがわしい行為を求める
● 女性入居者への痴漢行為

3 認知症によるもの

● 徘徊で他人の部屋に侵入
● 暴言を吐く
● 暴力をふるう
● 幻覚や妄想で泥棒扱いをする

ケガや骨折をしたときは？

高齢者施設は安全に配慮されていますが、それでも事故やケガのリスクをゼロにはできません。施設の安全対策を、事前にしっかり把握することが重要です。

●ケガや病気のリスクはゼロにはできない

　高齢者施設は、普通の住まいに比べると不慮の事故によるケガや病気のリスクは低い環境であるといえるでしょう。しかし、高齢者が生活をしていく以上、事故やそれによるケガ、病気のリスクを完全にゼロにすることはできません。このためどんなに設備が充実し、ケアの質が高い施設であっても、ケガや病気が起こる可能性を、あらかじめ理解しておくことが必要です。

●安全を担保するための基準やガイドラインがある

　高齢者施設では、介護事故などのリスクを減らすために、さまざまな安全対策を講じています。たとえば特別養護老人ホームでは、施設基準において、施設における体制整備により介護事故予防を図ることが義務づけられ、そのための具体的な方針として、「特別養護老人ホームにおける介護事故防止予防ガイドライン」が定められています。また公益社団法人全国有料老人ホーム協会では、有料老人ホームを対象にした「ケアリスクマネジメントハンドブック」を策定し、施設での介護事故予防を進めています。さらに多くの自治体では、サービス付き高齢者向け住宅の危機管理マニュアルを作り、それらに基づいた施設運営をするよう指導しています。

●事故やケガへの対応について事前に確認をしておく

　施設でのケガや病気といったリスクを避けるためには、まず入居を決定する前の段階で、その施設におけるこれまでの事故やケガなどの発生状況、それに対する施設の対応、事故発生時の対処方法がどのように整備されているか、職員の事故防止に関する教育がどのように行われてい

るのかなどを、しっかりと確認しておくことが重要です。一般的には、施設において事故が発生した場合の対応（医療機関への連絡や搬送、家族への連絡、施設の損害賠償責任保険の加入状況など）は、重要事項説明書に記載されています。

　万が一、施設に入居してから施設側が入居者（利用者）に対する「安全配慮義務」に違反したためにケガなどをした場合は、利用者やその家族は、損害賠償請求をすることも可能です。また、職員のミスによって事故が発生した場合も、立証できれば職員本人や施設に対して損害賠償請求をすることができます。

施設に賠償責任が発生する事故の例

① 施設や設備に起因する事故

職員が利用者をベッドから車いすへ移乗させる際、不注意で利用者が転落し、ケガをさせた

② 生産物に起因する事故

ホームが提供した食事が原因で食中毒が発生した

③ 受託物の事故

ホームが管理するトランクルームで火災、盗難、漏水などが発生し、財物に損害が生じた

④ 人格権侵害

利用者の個人情報を外部に漏洩し、プライバシーが侵害された

⑤ 純粋経済損害

ケアプランの作成ミスにより本来必要なサービスが受けられず、過大な経済負担が発生した

【出典】「介護事故発生ゼロをめざす──ケアリスクマネジメントハンドブック」より抜粋

退去を求められたときは？

「終の棲家」と思って入居を決めても、予期せぬ事態によって施設から退去を求められるケースがあります。納得できる説明と転居のフォローを受けましょう。

●退去勧告は、納得の上で転居することが大切

高齢者施設には、それぞれ施設ごとに "入居条件" が決められており、自分の状況と照らし合わせて施設を選ぶわけですが、入居後に "退去条件" に則して退去勧告を受けることがあります。介護度が進んだり、疾病が生じるなど、入居者の状態が変化すると、対応できなくなる施設もあります。どんな種類の施設でも入居契約が「終身利用」を確約するものではないと認識しておくことが大切です。

●「入居契約書」「重要事項説明書」を確認

とはいえ、退去勧告が突然だと驚くのは無理もないですし、納得がいかない場合もあるでしょう。その際は、「入居契約書」「重要事項説明書」を確認します。ポイントは "退去要件" や "施設からの契約解除" に関する項目。このいずれかに、入居者の状態・行動などが該当していれば、退去勧告に従うことになります。

このとき、勧告に至るまでの施設側の努力など、詳しい経緯を説明してもらい、退去を前向きに考えられるようになることが大切です。どうしても納得できない場合、苦情申し立てなど行えますが、本人の生活に支障が出ることもありますので、次の入居先を見つけるほうが良いでしょう。

●退去勧告には予告期間が設定されている

退去勧告は、賃貸住宅と同じく予告期間が設定されています。一般的には90日間で、退去の期日までに次の住まいを準備しなければなりません。転居先として新たな施設を探す際に、入居している施設から協力を得るのも良い方法です。期日までに次の施設が決まらない場合も、入居している施設に延期の相談をしてみましょう。継続入居の措置が難しい

場合は、ショートステイなどを活用する方法もあります。また、可能な状況なら在宅介護に戻って介護保険を利用しながら、新しい施設を探すことも検討してみましょう。

退去勧告となる５つのケース

1 身体状況の変化

施設では対応できない医療行為が必要＝医療依存度が高くなる、認知症の進行、要介護度が入居基準より軽くなるなど

2 一定期間以上の不在

病気やケガで長期入院が必要となる（期間は３カ月以上、６カ月以上など施設の規約による）

3 迷惑行為・問題行動

他の入居者や従業員への暴言・暴力、夜間の奇声、器物破損など

4 費用の滞納

月額料金・自己負担金が支払えない＝再三の督促に応じず、保証人からの支払いもない

5 入居時の不正

診断書などの提出書類に虚偽の記載をしたことが発覚したなど

倒産した場合は？

近年、ニュースなどで老人福祉・介護事業の倒産が散見されます。入居している施設の運営会社が倒産した場合、運営継続の有無で、その後の影響が異なります。

●施設選びの段階で運営会社の経営状況にも配慮を

社会の高齢化が進み、高齢者施設が増加してきた一方、倒産・廃業する事業者も確実に増えています。その一因には、十分な知識やノウハウを持たない異業種から、安易に新規参入する事業者が見受けられることが挙げられます。帝国データバンクの「倒産動向調査」によると、株式会社が最多であり、ほとんどが資本金500万円未満、負債額1億円未満。その大半が、当初の計画通りに利用者が集められない「営業不振」が原因で、全体の9割以上が「破産」しています。法人設立から倒産までの期間「業歴」をみると、7割が10年未満です。施設を選ぶ際は、運営会社が設立から10年を経過していることが安心のひとつの鍵といえるでしょう。

●倒産は、月々の費用負担や入居生活の変化に影響

施設の事業者が倒産すると、別の事業者に運営が引き継がれ、退去は免れるケースがほとんどです。ただし、契約内容や利用料など新しい事業者の規定が適用されるため、サービスの質や毎月の費用が変わる可能性があります。また、スタッフが入れ替わるなど、生活面での変化が入居者のストレスになることもあり、退去者が増えることも考えられます。

●入居一時金の保全措置の確認が重要

施設を引き継ぐ運営会社がない場合は廃業となり、入居者は自ら新たな施設を探すことになります。倒産で退去となる場合に備え、入居一時金や前払い家賃を支払うすべての有料老人ホームやサービス付き高齢者向け住宅には「入居一時金の保全措置」が義務付けられています。前払金の未償却分が返還されないとき、事業者に代わって銀行や損害保険会社、（公社）有料老人ホーム協会などが支払う（上限500万円）制度です。

老人福祉事業者[※]の倒産状況

※通所介護サービス・訪問介護サービス・各種老人ホーム・グループホーム・高齢者向け住宅サービスなどの高齢者向けサービスを主業としている事業者

老人福祉事業者の倒産件数の推移

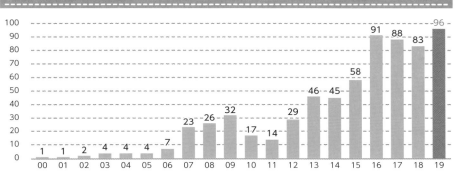

年	件数
00	1
01	1
02	2
03	4
04	4
05	4
06	7
07	23
08	26
09	32
10	17
11	14
12	29
13	46
14	45
15	58
16	91
17	88
18	83
19	96

法人格別の倒産件数

法人格別	件数	構成比
株式会社	57	59.4%
有限会社	20	20.8%
合同会社	11	11.5%
一般社団法人	3	3.1%
社会福祉法人	2	2.1%
合資会社	1	1.0%
医療法人社団	1	1.0%
特定非営利活動法人	1	1.0%
合計	96	100.0%

業態別の倒産件数

業態別	件数	構成比
訪問介護	51	53.1%
通所介護	24	25.0%
老人ホーム	10	10.4%
高齢者向け住宅	6	6.3%
グループホーム	3	3.1%
ショートステイ	2	2.1%
合計	96	100.0%

【出典】帝国データバンク「老人福祉事業者の倒産動向調査」

倒産した場合は？

亡くなった後の手続きは？

施設で入居者が亡くなった場合、あらかじめ規定に定められた手続きに基づいて、施設から退去します。相続などの点についても、明確にしておきましょう。

●死亡後の手続きについて施設の規定を確認する

　住み替えた高齢者施設を、"終の棲家"とするのであれば、死亡後の準備や手続きについても、あらかじめ考えておくことが必要です。死亡も含む施設退去の手続きについては、それぞれの施設が設けている規定に則って行われます。契約の解除、居室の原状回復にかかる費用の有無、退去から現状回復までの期間などについて、あらかじめ細かく確認しておくことが重要です。死亡後の遺体や家財などの引き取りに関しては、施設の管理規定により、契約書に記載されている入居者の身元引受人に引き取る役割があるよう明記されているのが一般的です。

●所有権のある住宅では、居室の相続も考えておく

　死亡後の手続きに関連して重要なのが、相続について明確にしておくことです。死亡した人が住んでいる施設が介護保険施設であれば、住まいは相続の対象にはなりません。また、多くの有料老人ホームが採用している「利用権方式」の施設も、所有権はありませんので、住まいが相続の対象になることはありません。ただし、入居者の死亡が入居一時金の償却期間前の場合は、未償却分の返還金があり、これは相続の対象となります。また賃貸物件で敷金の返還がある場合も、同様に相続の対象となります。

　一方で、シニア向け分譲マンションには、居室に所有権が発生していますので、本人の死亡後は相続の対象となります。この場合、ローンを使用していて、返済が終わっていなければ、その債務も相続の対象になりますので、注意が必要です。また、相続人は自分が住まなくても、毎月の管理費や修繕積立金等の経費をはじめ、固定資産税も支払わなくて

はなりません。

　こうしたケースでは、相続が発生してから３カ月以内に、家庭裁判所へ相続放棄を申し出ることで、引き受けたくない債務を回避することができます。また、団体生命信用保険に加入している場合は、ローンの支払い義務者が死亡した場合、保険料で負債をなくすことができます。

●身元引受人や相続人との情報共有を

　死亡後の手続きについて、また所有権のある住宅等に関する相続についても、あらかじめ身元引受人や相続人となる人（一般的には家族）と、事前によく話し合い、情報共有をしておくことが大切です。

　たとえば先に説明した相続放棄をする場合、家庭裁判所への申し出は３カ月以内と期限が定められています。こういった時間的な制約や規定についても細かく情報を共有し、十分に相続人や身元引受人に理解をしておいてもらわなければなりません。このため住み替えの際に、死亡後の手続きや相続に関して、必要な手続きについてわかりやすく文書等にまとめて、双方で共有しておくと良いでしょう。

施設によって異なる相続

● **介護保険施設**（特養、老健、介護療養型医療施設、介護医療院など）
　居室の家財や私物以外、相続するものはない（施設への債務があれば相続）

● **賃貸物件**（シルバーハウジング、サービス付き高齢者向け住宅など）
　一般的に貸借権は相続の対象となるが、相続人が60歳未満の場合は入居対象とならず、権限がなくなる。公的住宅の場合は規定で相続はできない

● **利用権方式の施設**（有料老人ホームなど）
　利用権は相続できないので、住まいや居室は相続の対象にはならないが、入居一時金の返還金は対象となる

● **分譲物件**（シニア向け分譲マンションなど）
　居室そのものに所有権が発生しているので、相続の対象となる（債務も相続される）

トラブルはどこに相談すればいい？

施設でのトラブルは、日常生活と同じく、スタッフとの良好な関係から解決できることも。施設内で解決できない場合、外部の相談窓口も活用できます。

●まずはスタッフに伝えること

高齢者施設でのトラブルは、施設からサービスを受ける利用者としてだけでなく、暮らしの場を共有する一員としてコミュニティの関係性や、入居者同士が暮らす上でのさまざまな出来事からも生じます。場合によっては、施設に対して権利を主張するだけではなく、より良い生活環境を得るには「運営に参画する」ような視点が必要なケースもあるでしょう。

施設に対して苦情がある、また生活面の改善を提言したいなど、いずれの場合も第一歩は施設への相談です。施設の中で気になる点があれば、些細なことでも日ごろから施設へ問い合わせたり相談したりして、トラブルが大きくなる前の解決を心がけましょう。手順としては、まずスタッフへ問題点や要望を伝え、状況が改善されない場合は施設長や運営会社に訴えます。

●第三者への相談もできる

施設・運営会社に相談しても解決されない場合や、どうしても苦情がいいにくい場合は、第三者へ相談する方法があります。気軽に利用できる電話相談もありますし、市区町村の苦情相談窓口もあります。連絡先は、施設の契約書や重要事項説明書に「苦情相談窓口」として明記されている場合もあります。市区町村で解決できなければ、介護保険サービスについては国民健康保険団体連合会（国保連）でも苦情を受け付けています。

●場合によっては、再住み替えが最善となることも

苦情の申し立ては本人、もしくは代理人として家族が行えます。市区町村には介護保険施設の指定を取り消す権限があり、国保連は介護サービス事業者に対して調査・指導・助言を行う権限があります。トラブル

の内容や改善状況によっては、住み替えの検討が最善策となる可能性があることも心に留めておいてください。

トラブルを相談する際の手順

まずは施設に相談する

現場スタッフ／相談員／ケアマネジャー／施設長

↓

解決しなければ市区町村の窓口へ

施設がある市区町村役場の介護保険課・高齢福祉課など

↓

最終手段は国保連へ申し立て

都道府県「国民健康保険団体連合会」の介護相談窓口

相談先の電話番号

- ●消費者ホットライン（全国共通・局番なし）　TEL ▶ 188
  最寄りの消費生活センター・消費生活相談窓口を案内してもらえる

- ●国民生活センター　平日バックアップ相談　TEL ▶ 03-3446-1623
  最寄りの相談窓口に電話がつながらない場合に相談を受けてくれる

- ●週末電話相談室
  TEL ▶ **東京** 03-5614-0189（土・日曜）／**大阪** 06-6203-7650（日曜のみ）
  　　　／**北海道** 011-612-7518（土曜のみ）
  全国消費生活相談員協会から助言や情報提供を得られる

● 監修者略歴

岡本 弘子（おかもと ひろこ）

シニアの暮らし研究所代表　高齢者住宅アドバイザー
一般社団法人日本シニア住宅相談員協会、代表理事

消費生活アドバイザー、消費生活専門相談員、福祉住環境コーディネーター。
18年におよぶ高齢者住宅の入居相談経験をもとに、新聞・雑誌等の取材や執筆をはじめ、年
200回以上の高齢者住宅セミナーで講演。「岡本弘子の入居相談室」では、徹底した対面相
談で入居者本位の住まい選びをサポートする。一般社団法人日本シニア住宅相談員協会の
代表理事を務め、優良なシニア住宅相談員の育成にも注力している。

● 執筆	瀬沼健司　石田陽子
● 編集協力	アーク・コミュニケーションズ
● 本文デザイン	田中真琴
● 本文イラスト	奈良恵（asterisk-agency）
● 校正	円水社
● 編集担当	山路和彦（ナツメ出版企画）

ナツメ社Webサイト
https://www.natsume.co.jp
書籍の最新情報（正誤情報を含む）は
ナツメ社Webサイトをご覧ください。

本書に関するお問い合わせは、書名・発行日・該当ページを明記の上、下記のいずれかの方法にて
お送りください。電話でのお問い合わせはお受けしておりません。
・ナツメ社webサイトの問い合わせフォーム
　https://www.natsume.co.jp/contact
・FAX（03-3291-1305）
・郵送（下記、ナツメ出版企画株式会社宛て）
なお、回答までに日にちをいただく場合があります。正誤のお問い合わせ以外の書籍内容に関する解
説・個別の相談は行っておりません。あらかじめご了承ください。

高齢者施設の費用・選び方・手続きのすべて

2020年 2 月 3 日　初版発行
2023年 1 月 1 日　第2刷発行

監修者	岡本弘子	Okamoto Hiroko,2020

発行者　田村正隆

発行所　株式会社ナツメ社
　　　　東京都千代田区神田神保町1-52　ナツメ社ビル1F（〒101-0051）
　　　　電話　03（3291）1257（代表）　FAX　03（3291）5761
　　　　振替　00130-1-58661

制　作　ナツメ出版企画株式会社
　　　　東京都千代田区神田神保町1-52　ナツメ社ビル3F（〒101-0051）
　　　　電話　03（3295）3921（代表）

印刷所　広研印刷株式会社